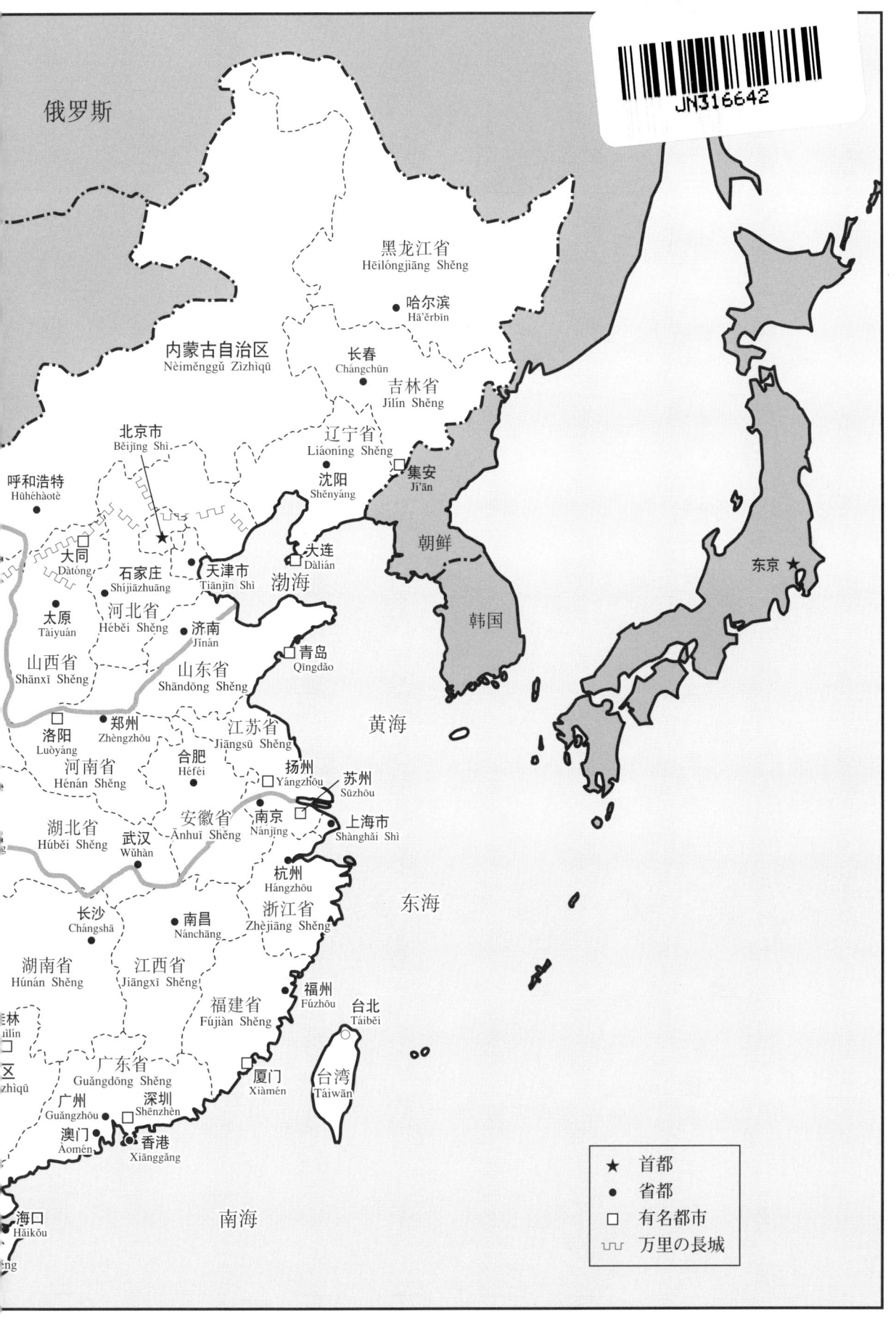

新訂版
中国語のかけはし

―初級から中級へ―

瀬戸口　律子　著
汪　　玉林

駿河台出版社

は じ め に

　中国は驚くべきスピードで変貌しています。高層ビルが林立する都市部の景観は依然として活発な経済活動を物語り、GDPは既に日本を抜いて世界第二位となっています。その一方では、急激な変化に伴うひずみや軋みが表面化するケースも出て来ているようです。日中関係も、友好ムード一色だったひところの雰囲気は影を潜め、何かと複雑な様相を呈し始めました。しかし今や中国が日本にとって最大の貿易相手国であることは、紛れもない現実です。もはやこの要素を抜きにして両国の今後を語ることはできません。

　中国語の習得を目指して今学習に励んでいる人たちの多くは、歴史的にも深いつながりを有する一衣帯水の隣国関係が、よりよい方向に進むことを願っていると思います。いずれは自分もそのために何らかの貢献をしたいと考えている人もいるでしょう。中国語の教育に携わり教材を提供する立場にある我々も、思いは同じです。学習者の意欲を保持し高めて行く上で、教科書の果たす役割は小さくありません。初級から中級へ進む段階で、意欲を失って中国語の学習を途中放棄したという話をよく耳にしますが、いきなり難しい単語や文章で構成される教科書に接してしまうことも、その一因と言えそうです。

　そこで、初級から中級への橋渡し的な教材を念頭において編集したのが、2010年4月に出版した『中国語のかけはし』でした。本書は発音を点検しながら、初級で学んだ基本文型、文法を再確認して、平易な文を読解し、本文と関連した会話（ワンポイントレッスン）、練習問題へと進める構成になっています。実際の授業で使用することにより、不具合な箇所もいくつか発見されましたので、今回新たにその改訂版を出版することになりました。本書が初級を終了したみなさんを中級へと導き、引き続き次のステップへと進む手助けになることを、願って止みません。

　本書の出版に際しては、駿河台出版社の井田洋二社長、編集担当の猪腰くるみ氏に多大なるご尽力をいただきました。ここに記して心からの謝意を表したいと思います。

著　者

目 次

発音編（復習）……………………… 6
1 声調（四声）
2 母音
3 子音
4 声調の変化（変調）
5 儿化（アール化）

第1课　自我介绍（自己紹介）………10
(1) 連動文
(2) "从～到～"
(3) "要"について
(4) アスペクト助詞"过"
(5) "和"について

第2课　汉语课（中国語の授業）………14
(1) "～起来"
(2) 部分否定
(3) 二重目的語をもつ動詞述語文
(4) "是～的"
(5) "给"

第3课　女儿节（桃の節句）………18
(1) "所以"
(2) "为"
(3) "不但～而且～"
(4) 比較表現(1)

コラム　北京のお菓子 ……………22

第4课　赏樱（花見をする）…………24
(1) 副詞的用法"比较"
(2) "又～又～"
(3) "有的～有的～"
(4) "或是～或是～"
(5) 動詞の重ね型"吃吃喝喝"

第5课　包饺子（ギョーザをつくる）…28
(1) 存現文
(2) "尤其"
(3) "乓乓乓乓"
(4) "一边～一边～"
(5) 比較表現(2)

第6课　来访（訪ねて来る）…………32
(1) "在～时"
(2) "特意"
(3) 様態補語
(4) "先～然后～"
(5) 兼語文

コラム　北京の朝市と朝食 ………36

第7课　我的家庭（私の家庭）………38
(1) "有时～有时～"
(2) "只有～才～"
(3) "就要～了"
(4) 離合動詞について
(5) 主述述語文

4

第8课　天气(天気) ……………42
(1)　"从"
(2)　"准备"
(3)　"正"
(4)　"但是"
(5)　"一～就～"

第9课　谈季节(季節を語る) …………46
(1)　"对"
(2)　"在于"
(3)　"～极了"
(4)　"还是"
(5)　"虽然～但是～"

コラム　北京の果物 ……………50

第10课　日本的茶文化(日本の茶文化) …52
(1)　"把"構文
(2)　"作为"
(3)　"在～上"
(4)　"应该"
(5)　"与此同时"

第11课　买东西(買物) ……………56
(1)　"并"
(2)　"可以"
(3)　"要是～就～"
(4)　"～比较好"
(5)　"不仅～而且～"

第12课　谈爱好(趣味について語る) …60
(1)　"由"
(2)　"除了～外"
(3)　"从～就开始（起）"
(4)　"都"
(5)　"就"

コラム　北京の喫茶店 ……………64

第13课　中国的菜名(中国の料理名) …66
(1)　"总"
(2)　"从而"
(3)　"用～作为～"
(4)　"被"

第14课　学谚语(1) 郑人买鞋 ……………70
(1)　"于是"
(2)　方向補語"来/去"
(3)　"等"
(4)　結果補語
(5)　"宁可～也不～"

第15课　学谚语(2) 只要功夫深,铁棒磨成针 …74
(1)　"不一定"
(2)　"在"
(3)　"呀"
(4)　"只要～"
(5)　"从此"

索引 ……………78

5

発音編（復習）

1 声調（四声）

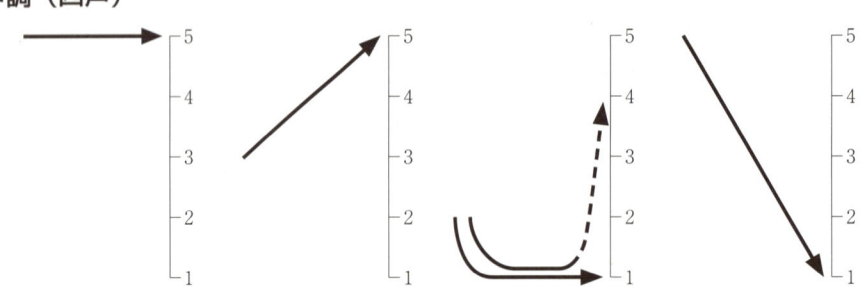

第一声	第二声	第三声	第四声
高く平らな調子	急に上がる調子	低く抑えた調子	急に下がる調子
5－5	3－5	2－1	5－1
ā	á	ǎ	à
mā	má	mǎ	mà
妈	麻	马	骂
（お母さん）	（麻）	（馬）	（叱る）

注：第三声は単独に発音する場合、最後は点線のように緩やかに上がる（2－1－4）

〔練習〕

yī	yí	yǐ	yì
wū	wú	wǔ	wù
yū	yú	yǔ	yù

i	→	yi
u	→	wu
ü	→	yu

妈妈 骑 马，马 慢 妈妈 骂 马。
Māma qí mǎ, mǎ màn māma mà mǎ.
※māmaのように軽く短く発音されるものは「軽声」といい、声調符号はつけない。

四 是 四，十 是 十，十四 是 十四，四十 是 四十。
Sì shì sì, shí shì shí, shísì shì shísì, sìshí shì sìshí.
四十 不 是 十四，十四 不 是 四十。
Sìshí bú shì shísì, shísì bú shì sìshí.

声調符号をつける場所
1．母音につける。
2．母音が二つ以上ある時には、aがあればaの上につける。
3．aがない時はoかeの上につける。
4．i、uあるいはu、iと並んでいたら、後方のアルファベットの上につける。
　（iの上に声調符号をつける場合は、iの「・」を省略する）

2 母音

(1) 単母音

a	o	e	i	u	ü
			(yi)	(wu)	(yu)

特殊な母音

er　　i[ɿ]　　i[ʅ]

(2) 複母音

ai	ei	ao	ou	
ia	ie	ua	uo	üe
(ya)	(ye)	(wa)	(wo)	(yue)
iao	iou	uai	uei	
(yao)	(you)	(wai)	(wei)	

(3) 鼻母音

an	en	ang	eng	ong
ian	in	iang	ing	iong
(yan)	(yin)	(yang)	(ying)	(yong)
uan	uen	uang	ueng	
(wan)	(wen)	(wang)	(weng)	
üan	ün			
(yuan)	(yun)			

3 子音

子音表（21）

	無気音	有気音	鼻音	摩擦音	側面音
唇音	b (o)	p (o)	m (o)	f (o)	
舌尖音	d (e)	t (e)	n (e)		l (e)
舌根音	g (e)	k (e)		h (e)	
舌面音	j (i)	q (i)		x (i)	
そり舌音	zh (i)	ch (i)		sh (i)　r (i)	
舌歯音	z (i)	c (i)		s (i)	

(1) 無気音と有気音

　　無気音：b　　d　　g　　j　　zh　　z

　　有気音：p　　t　　k　　q　　ch　　c

(2) そり舌音：zh　　ch　　sh　　r

4 声調の変化（変調）

(1) 第三声の変調

　①第三声と第三声が連続したとき、前の第三声音が第二声に変化

　　三声＋三声　→　二声＋三声

　　"你好" nǐhǎo　→　níhǎo

　②第三声＋第一・第二・第四声→半三声＋第一・第二・第四声

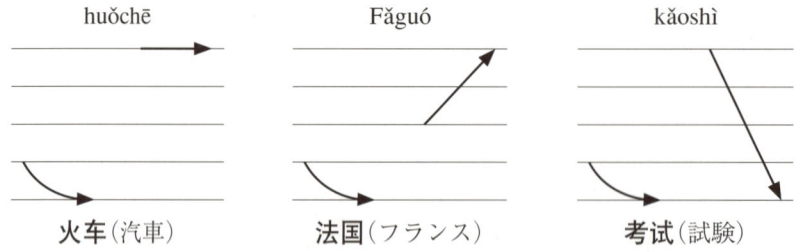

　　火车（汽車）　　法国（フランス）　　考试（試験）

(2) "一"の変調

　　"一"は第一声だが、後に来る声調によって変化する

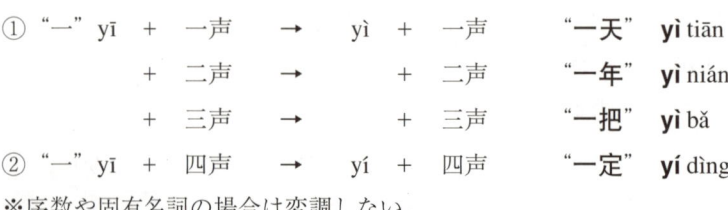

　※序数や固有名詞の場合は変調しない。

(3) "不"の変調

"不"は第四声だが、後に第四声がくると第二声に変わる

"不" bù ＋ 四声 → bú ＋ 四声　　"不对" bú duì

(4) 軽声

軽声は本来の声調を失い、軽く短く発音されるものをいう。軽声には声調符号をつけない。軽声の音の高さは、前の音節の声調によって決定される。

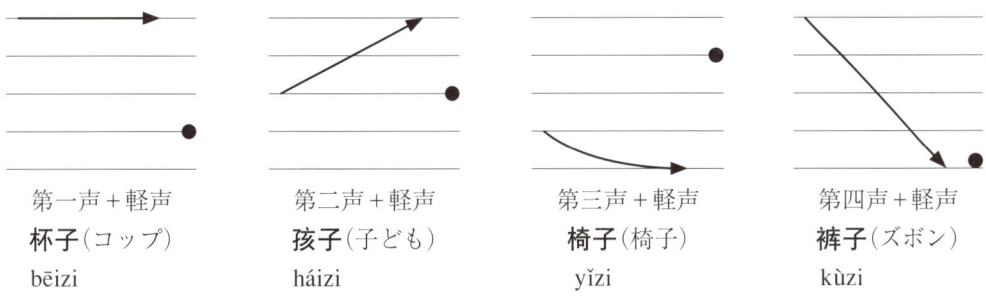

第一声＋軽声	第二声＋軽声	第三声＋軽声	第四声＋軽声
杯子(コップ)	孩子(子ども)	椅子(椅子)	裤子(ズボン)
bēizi	háizi	yǐzi	kùzi

5 儿化 (アール化)

そり舌音の er が、他の音節について接尾辞をつくるが、それを"儿化"という。つづり方は e を省略し r だけにする。

(1) 儿化音の変化

		つづり		実際の発音	
-a ＋ r → -ar	nǎ	哪	→	nǎr	哪儿	(どこ)
-ai ＋ r → -ar	gài	盖	→	gàr	盖儿	(ふた)
-an ＋ r → -ar	diǎn	点	→	diǎr	点儿	(点)
-ü ＋ r → -üer	yú	鱼	→	yúér	鱼儿	(さかな)
-i ＋ r → -ier	jī	鸡	→	jiēr	鸡儿	(にわとり)
-ang ＋ r → -angr	yàng	样	→	yàr	样儿	(形)

(2) "儿化"のはたらき

① 「かわいい」「愛らしい」「小さい」というニュアンスを表す

小孩儿 xiǎohár （子ども）　　花儿 huār （花）

② 意味が変わる

信 xìn （手紙）　→　信儿 xìnr （知らせ、消息）

头 tóu （頭）　→　头儿 tóur （リーダー、ボス）

③ 品詞が変わる

画 huà （描く） 動　　画儿 huàr （絵） 名

盖 gài （ふたをする） 動　　盖儿 gàir （ふた） 名

第1课 自我 介绍 ★自己紹介★
   Zìwǒ jièshào

　　我叫西野爱子，今年十九岁，××大学文学系一年级的学生。我的学校在东京的郊外。我每天坐电车去学校。从我家到学校要一个小时左右。我身体很结实，从来没有得过大病。

　　我喜欢运动，每星期三晚上去健身房锻炼身体。我还喜欢唱歌，下课后常常和同学们一起去卡拉ＯＫ厅唱歌。我最喜欢唱的是邓丽君的"小城故事"。我学习成绩不好，今后要努力。请多关照！

新出単語

自我 zìwǒ	名 自己
介绍 jièshào	動 紹介する
叫 jiào	動 ～と呼ぶ、～と称する
系 xì	名 大学の学部　〈文学系：文学部〉
坐 zuò	動 乗る（乗り物）、座る
从 cóng	前置 ～から、～より　〈从～到～：～から～まで〉
小时 xiǎoshí	名 時間　="钟头 zhōngtóu"
左右 zuǒyòu	ぐらい、前後
结实 jiēshi	形 丈夫である、しっかりしている
从来 cónglái	副 いままで、これまで
得病 dé bìng	動 病気になる
过 guo	助 「動詞＋"过"」（～したことがある）
喜欢 xǐhuan	動 好きである、好む
健身房 jiànshēnfáng	名 アスレチックジム
锻炼 duànliàn	動 （体や心を）鍛える　〈～身体：体を鍛える〉
还 hái	副 さらに、まだ、その上
下课 xià kè	動 授業が終わる　〈～后：授業後、放課後〉
常常 chángcháng	副 いつも、よく
和 hé	前置 ～と（動作を共にする相手を示す）="跟 gēn"
一起 yìqǐ	副 一緒に　="一块儿 yíkuàir"
卡拉OK厅 kǎlāOKtīng	名 カラオケボックス
最 zuì	副 最も、一番
小城 xiǎochéng	名 小さな町
故事 gùshi	名 物語、お話
学习 xuéxí	動 学ぶ、勉強する　名 勉強、学習　〈学习成绩：学業成績〉
今后 jīnhòu	名 今後
要 yào	動 要る、要する、かかる　助動 ～するつもり、～したい、～しなければならない
努力 nǔlì	動 努力する、努める
请多关照 qǐng duō guānzhào	よろしくお願いします

(本文ピンイン)

　　Wǒ jiào Xīyě Àizǐ, jīnnián shíjiǔ suì, ××dàxuéwénxuéxì yī niánjí de xuésheng. Wǒ de xuéxiào zài Dōngjīng de jiāowài. Wǒ měitiān zuò diànchē qù xuéxiào. Cóng wǒ jiā dào xuéxiào yào yí ge xiǎoshí zuǒyòu. Wǒ shēntǐ hěn jiēshi, cónglái méi yǒu déguo dàbìng.

　　Wǒ xǐhuan yùndòng, měi xīngqīsān wǎnshang qù jiànshēnfáng duànliàn shēntǐ. Wǒ hái xǐhuan chàng gē, xià kè hòu chángcháng hé tóngxuémen yìqǐ qù kǎlāOKtīng chàng gē. Wǒ zuì xǐhuan chàng de shì Dèng Lìjūn de "Xiǎochéng gùshi". Wǒ xuéxí chéngjì bù hǎo, jīnhòu yào nǔlì. Qǐng duō guānzhào!

文法のポイント

(1) 連動文：二つ以上の動詞（句）で述語を形成する文

① 主語 ＋ A動詞(句) ＋ B動詞(句)　　A動詞(句)の動作がB動詞(句)の動作の**手段**と**方法**を説明する。

本文 我 每天 坐 电车 去 学校。　私は毎日電車に乗って学校へ行く。
Wǒ měitiān zuò diànchē qù xuéxiào.

老师 用 汉语 讲 汉语 语法。　　讲：説明する、話す／语法：文法
Lǎoshī yòng Hànyǔ jiǎng Hànyǔ yǔfǎ.

※Aに目的語がなく、手段を強調するときは、よく「A+**着**」の形をとる。

我们 走着 去 学校。
Wǒmen zǒuzhe qù xuéxiào.

② 主語＋動詞１(＋目的語)＋動詞２(＋目的語)　動作が行われる順に動詞が続き、動詞２の動作は動詞１の動作の**目的**を説明する。

本文 （我) 每 星期三 晚上 去 健身房 锻炼 身体。　(私は)毎週水曜日の夜にジムへ行って体を鍛える。
(Wǒ) měi xīngqīsān wǎnshang qù jiànshēnfáng duànliàn shēntǐ.

男 同学们 去 操场 打 棒球。　　操场：グラウンド／打棒球：野球をする
Nán tóngxuémen qù cāochǎng dǎ bàngqiú.

(2) "从〜到〜"：〜から〜まで

本文 从 我 家 到 学校 要 一 个 小时 左右。　私の家から学校まで１時間ぐらいかかる。
Cóng wǒ jiā dào xuéxiào yào yí ge xiǎoshí zuǒyòu.

我 每天 晚上 从 八 点 到 十 点 看 CCTV。　CCTV：中国中央電視台
Wǒ měitiān wǎnshang cóng bā diǎn dào shí diǎn kàn CCTV.

(3) "要" について

① 動詞：要る、欲しい

> 从 我 家 到 学校 **要** 一 个 小时 左右。　　　私の家から学校まで1時間ぐらい
> Cóng wǒ jiā dào xuéxiào yào yí ge xiǎoshí zuǒyòu.　　かかる。

　我 **要** 名牌 钢笔。　　　　　　　　　　　　　　名牌：ブランド／钢笔：ペン、万年筆
　Wǒ yào míngpái gāngbǐ.

② 助動詞 ：〜するつもり、〜したい、〜しなければならない

> …, 今后 **要** 努力。　　　　…、今後努力するつもりだ。
> …, jīnhòu yào nǔlì.

　我们 **要** 学好 中文。　　　　　　　　　　　　　学好：マスターする／中文：中国語
　Wǒmen yào xuéhǎo Zhōngwén.

(4) アスペクト助詞 "过"：過去の経験を表す

　　　主語＋動詞＋**过**（＋目的語）

> （我）从来 没 有 得**过** 大病。　　（私は）これまで大病にかかったことがない。
> (Wǒ) cónglái méi yǒu déguo dàbìng.

　我 吃**过** 北京 烤鸭。　　　　　　　　　　　　　北京烤鸭：北京ダック
　Wǒ chīguo Běijīng kǎoyā.

(5) "和" について

① 前置詞 ：〜と（一緒に）　＝ "跟 gēn"

> …, 下 课 后 常常 **和** 同学们 一起 去 卡拉OK厅 唱 歌。
> …, xià kè hòu chángcháng hé tóngxuémen yìqǐ qù kǎlāOKtīng chàng gē.
> 　　　　　　　…、放課後いつもクラスメートと一緒にカラオケボックスへ行って歌う。

② 前置詞 ：〜に、〜に対して　＝ "向 xiàng、对 duì、跟 gēn"

　别 走，我 有 话 要 **和** 你 说。　　　　　　　　　别：〜しないで（禁止）
　Bié zǒu, wǒ yǒu huà yào hé nǐ shuō.

③ 前置詞 ：〜に、〜と（関係の及ぶ対象を示す）

　这 件 事 **和** 我 一点 关系 也 没 有。
　Zhè jiàn shì hé wǒ yìdiǎn guānxi yě méi yǒu.

④ 前置詞 ：〜と（比較の対象を示す）

　她 的 身高 **和** 我 一样。　　　　　　　　　　　身高：身長／一样：同じである
　Tā de shēngāo hé wǒ yíyàng.

⑤ 接続詞 ：〜と、および

　我 **和** 他 是 高中 的 同学。　　　　　　　　　　高中：高校
　Wǒ hé tā shì gāozhōng de tóngxué.

　我 家 有 四 口 人，爸爸、妈妈、哥哥 **和** 我。
　Wǒ jiā yǒu sì kǒu rén, bàba, māma, gēge hé wǒ.

ワンポイントレッスン

爱子：你喜欢运动吗?
　　　Àizǐ　Nǐ xǐhuan yùndòng ma?

小李：很喜欢，你呢?
XiǎoLǐ　Hěn xǐhuan, nǐ ne?

爱子：我也喜欢。每星期三晚上去健身房锻炼身体。
　　　Wǒ yě xǐhuan. Měi xīngqīsān wǎnshang qù jiànshēnfáng duànliàn shēntǐ.

小李：很好。我每天早上打太极拳。
　　　Hěn hǎo. Wǒ měitiān zǎoshang dǎ tàijíquán.

太极拳：太極拳

練習問題

(1) 正しい語順に並べ替えなさい。

① 我　电车　去　坐　学校　每天　。

② 唱歌　常常　和　一起　同学们　下课后　去　卡拉OK厅　。

③ 不　学习　我　成绩　好　。

④ 从来　得过　没　有　我　大病　。

⑤ 我　家　学校　从　要　一　小时　个　到　左右　。

(2) 次の（　）の中にあてはまる語を入れなさい。

① 这件事（　　　）我一点关系也没有。
② 我们（　　　）学好中文。
③ 我每天晚上（　　　）八点（　　　）十点看CCTV。
④ 我吃（　　　）北京烤鸭。
⑤ 男同学们去操场（　　　）棒球。

(3) 次の拼音を漢字に直しなさい。

① Nǐ xǐhuan yùndòng ma?
② Wǒ měitiān zǎoshang dǎ tàijíquán.

第2课　汉语 课　★中国語の授業★

<small>Hànyǔ　kè</small>

　　我受父母的影响，对汉语很感兴趣。现在在大学学习汉语。我平时吃过早饭后就去学校。从星期一到星期五都有课。汉语课是星期一的第一节和星期四的第二节。

　　汉语的发音，学起来很难，但是汉语的语法不太难。马大品老师教我们汉语。他是去年从北京来的。马老师给我们介绍了汉语的基础知识和中国大学生的学习生活。我非常喜欢汉语课。下课回到家里，我要做汉语作业以及其他功课。我每天晚上十一点睡觉。

新出単語

对 duì	前置 ～に、～にとって	不太～ bútài～	副 あまり～ではない ＝"不大～，不很～"
感 gǎn	動 思う〈～兴趣：興味を覚える〉	教 jiāo	動 教える
在 zài	前置 ～で、～に、～において（時間・場所・条件・範囲を表す）動 ある、いる（ある場所に）	给 gěi	前置 ～に、～のために 動 あげる、やる
就 jiù	副 すぐに	基础 jīchǔ	名 基礎、基本〈～知识：基礎知識〉
都 dōu	副 すべて、全部	喜欢 xǐhuan	動 ～が好きである、～を好む
课 kè	名 授業〈汉语课：中国語の授業〉	下课 xiàkè	動 授業が終わる
节 jié	量 区切れているものを数える〈第一节：1時間目〉	要 yào	助動 第1課参照
和 hé	接 ～と、および　第1課参照	作业 zuòyè	名 宿題〈汉语～：中国語の宿題〉
～起来 ~qilai	接 (動詞・形容詞の後に置き、動作や状態が開始したことを表す) ～し始める、～するようになる	以及 yǐjí	接 および、並びに
		功课 gōngkè	名 授業、学校の勉強
但是 dànshì	接 しかし、ただし、けれども ＝"可是"	睡觉 shuìjiào	動 眠る、寝る⇔"起床"（起きる）

(本文ピンイン)
　　Wǒ shòu fùmǔ de yǐngxiǎng, duì Hànyǔ hěn gǎn xìngqù. Xiànzài zài dàxué xuéxí Hànyǔ. Wǒ píngshí chīguo zǎofàn hòu jiù qù xuéxiào. Cóng xīngqīyī dào xīngqīwǔ dōu yǒu kè. Hànyǔ kè shì xīngqīyī de dì yī jié hé xīngqīsì de dì èr jié.

　　Hànyǔ de fāyīn, xuéqilai hěn nán, dànshì Hànyǔ de yǔfǎ bú tài nán. Mǎ Dàpǐn lǎoshī jiāo wǒmen Hànyǔ. Tā shì qùnián cóng Běijīng lái de. Mǎ lǎoshī gěi wǒmen jièshàole Hànyǔ de jīchǔ zhīshi hé Zhōngguó dàxuéshēng de xuéxí shēnghuó. Wǒ fēicháng xǐhuan Hànyǔ kè. Xiàkè huí dào jiā li, wǒ yào zuò Hànyǔ zuòyè yǐjí qítā gōngkè. Wǒ měitiān wǎnshang shíyī diǎn shuìjiào.

文法のポイント

(1) "〜起来"：(〜始める、〜ようになる、〜だす)

　　動詞／形容詞＋"起来"　　状態・動作の開始と継続を表す。

　　[本文] 汉语 的 发音，学**起来** 很 难，…　　中国語の発音は勉強し始めるととても
　　　　　Hànyǔ de fāyīn, xuéqilai hěn nán, …　　難しく、…

　　听 了 他 的 话，我们 就 笑**起来** 了。
　　Tīng le tā de huà, wǒmen jiù xiàoqilai le.

　　这 件 事 说**起来** 容易，做**起来** 难。　　　　　容易：たやすい、安易である
　　Zhè jiàn shì shuōqilai róngyi, zuòqilai nán.

(2) 部分否定

　　"不太"＋形容詞　　あまり〜でない、さほど〜ない

部分否定や全部否定は通常形容詞述語文や主述述語文に現れる。

　　[本文] …，但是 汉语 的 语法 **不 太** 难。　　…、しかし中国語の文法はあまり
　　　　　…, dànshì Hànyǔ de yǔfǎ bú tài nán.　　難しくない。

　　这 本 书 **不 太** 好。(形容詞述語文) 部分否定
　　Zhè běn shū bú tài hǎo.

　　我 工作 **不 太** 忙。(主述述語文) 部分否定
　　Wǒ gōngzuò bú tài máng.

※ "是"を用いる文の中にも部分否定は存在する。

　　他们 **不 都** 是 中国人。
　　Tāmen bù dōu shì Zhōngguórén.

(3) 二重目的語をもつ動詞述語文

主語＋動詞＋目的語(人)＋目的語(物)

> 马 大品 老师 教 我们 汉语。　　馬大品先生は私たちに中国語を教えている。
> Mǎ Dàpǐn lǎoshī jiāo wǒmen Hànyǔ.

我们 不 告诉 她 这 件 事。　　　　　　　　　　　　　告诉：告げる、言う
Wǒmen bú gàosu tā zhè jiàn shì.

(4) "是～的"：(強調構文)

主語＋"是"＋時間／地点／方法＋動詞(＋目的語)＋"的"

> 他 是 去年 从 北京 来 的。　　彼は去年北京から来ました。
> Tā shì qùnián cóng Běijīng lái de.

我 是 昨天 晚上 到 广州 的。
Wǒ shì zuótiān wǎnshang dào Guǎngzhōu de.

※他 是 坐 飞机 去 的 上海。
　Tā shì zuò fēijī qù de Shànghǎi.

(5) "给"：～に、～のために

> 马 老师 给 我们 介绍了 汉语 的 基础 知识 和 中国 大学生 的
> Mǎ lǎoshī gěi wǒmen jièshàole Hànyǔ de jīchǔ zhīshi hé Zhōngguó dàxuéshēng de
> 学习 生活。　馬先生は私たちに中国語の基礎知識と中国の大学生の学校生活を
> xuéxí shēnghuó.　紹介してくれました。

我们 给 汉语 老师 写了 一 封 信。　　　　　　　　　　信：手紙
Wǒmen gěi Hànyǔ lǎoshī xiěle yì fēng xìn.

※"给"は 動詞 としても用いられる

大学 的 朋友 给了 我 一 张 足球 票。　　　足球：サッカー／票：チケット
Dàxué de péngyou gěile wǒ yì zhāng zúqiú piào.

ワンポイントレッスン

爱子：教我们汉语的老师是马大品老师。
　　　Àizǐ　　Jiāo wǒmen Hànyǔ de lǎoshī shì Mǎ Dàpǐn lǎoshī.

小李：是吗？马老师从哪儿来的？
XiǎoLǐ　Shì ma? Mǎ lǎoshī cóng nǎr lái de?

爱子：他是从北京来的。我非常喜欢汉语课。
　　　Tā shì cóng Běijīng lái de. Wǒ fēicháng xǐhuan Hànyǔ kè.

小李：那太好了。
　　　Nà tài hǎo le.

練習問題

(1) 正しい語順に並べ替えなさい。

① 我　其他　以及　功课　做　作业　要　汉语 。

② 学习　汉语　大学　在　现在　我 。

③ 发音　的　汉语　,　学起来　难　很 。

④ 都　课　星期五　到　从　星期一　有 。

⑤ 马老师　我们　教　汉语 。

(2) 次の（ ）の中にあてはまる語を入れなさい。

① 我是昨天晚上到广州（　　　）。
② 这件事说（　　　）容易，做（　　　）难。
③ 我们（　　　）汉语老师写了一封信。
④ 他（　　　）坐飞机去的上海。
⑤ 这本书不（　　　）好。

(3) 次の拼音を漢字に直しなさい。

① Wǒ píngshí chīguo zǎofàn hòu jiù qù xuéxiào.

② Wǒmen bú gàosu tā zhè jiàn shì.

第3课　女儿节　★桃の節句★
(Nǚ'érjié)

　　三月三日是日本的女儿节。那时正是桃花盛开的季节，所以也叫桃花节。那是父母亲为女儿祈祷健康成长的日子。有女孩的人家安放偶人，准备些菱形年糕、白酒表示庆祝。这一天是日本小女孩最快乐的一天。
　　中国没有女儿节，只有"三八妇女节"，这个节日是从外国引进来的。在中国不但成年女人过这个节日，而且有些男人也跟着过节。在封建社会里，女人社会地位低下。现在，中国的妇女和男人一样参加各种社会工作，发挥自己的聪明才智。

新出单语

女儿节 nǚ'érjié	名 桃の節句
正 zhèng	副 ちょうど、まさに
桃花 táohuā	名 桃の花
盛开 shèngkāi	動 （花などが）満開である
所以 suǒyǐ	接 だから、したがって
也 yě	副 ～も、～もまた
为 wèi	前置 ～のために
祈祷 qídǎo	動 祈る
成长 chéngzhǎng	動 育つ、成長する
日子 rìzi	名 日、期日
人家 rénjiā	名 家庭、家柄
安放 ānfàng	動 安置する
菱形 língxíng	名 ひし形
年糕 niángāo	名 もち
白酒 báijiǔ	名 （ここではひな祭に飲む）白くて甘い酒
表示 biǎoshì	動 表す、示す
最 zuì	副 最も、一番
快乐 kuàilè	形 楽しい、愉快である
不但～而且～ búdàn~érqiě~	～ばかりでなく～そのうえ
节日 jiérì	名 祝日、記念品
跟着 gēnzhe	動 つき従う
过节 guò jié	動 祝日を祝う
低下 dīxià	形 低い（社会的地位などが一般より）
妇女 fùnǚ	名 婦人、女性
和 hé	前置 ～と（～する）〈和男人一样：男性と同じである〉
参加 cānjiā	動 参加する
各种 gèzhǒng	形 各種の、種々の
发挥 fāhuī	動 発揮する、表現する

(**本文ピンイン**)
  Sān yuè sān rì shì Rìběn de nǚ'érjié. Nàshí zhèng shì táohuā shèngkāi de jìjié, suǒyǐ yě jiào táohuājié. Nà shì fùmǔqin wèi nǚ'ér qídǎo jiànkāng chéngzhǎng de rìzi. Yǒu nǚhái de rénjiā ānfàng ǒurén, zhǔnbèi xiē língxíng niángāo, báijiǔ biǎoshì qìngzhù. Zhè yìtiān shì Rìběn xiǎo nǚhái zuì kuàilè de yìtiān.

  Zhōngguó méi yǒu nǚ'érjié, zhǐyǒu "sānbāfùnǚjié", zhè ge jiérì shì cóng wàiguó yǐnjinlai de. Zài Zhōngguó búdàn chéngnián nǚrén guò zhè ge jiérì, érqiě yǒuxiē nánrén yě gēnzhe guò jié. Zài fēngjiàn shèhuì li, nǚrén shèhuì dìwèi dīxià. Xiànzài, Zhōngguó de fùnǚ hé nánrén yíyàng cānjiā gèzhǒng shèhuì gōngzuò, fāhuī zìjǐ de cōngmíng cáizhì.

文法のポイント

(1) "所以"：だから、したがって（後の文に用いて結果を表す）

> **本文** 那时 正 是 桃花 盛开 的 季节，**所以** 也 叫 桃花节。
> Nàshí zhèng shì táohuā shèngkāi de jìjié, suǒyǐ yě jiào táohuājié.
> その時ちょうど桃の花が咲きほこっている季節なので、「桃の節句」ともいう。

 我们 是 老乡，**所以** 很 熟。　　　　　　老乡：同郷人／熟：よく知っている
 Wǒmen shì lǎoxiāng, suǒyǐ hěn shú.

※ "因为～所以～"（原因・結果を表す）

 因为 今年 夏天 特别 热，**所以** 我 买了 一 台 空调。　　空调：エアコン
 Yīnwèi jīnnián xiàtiān tèbié rè, suǒyǐ wǒ mǎile yì tái kōngtiáo.

(2) "为"：～に、～のために（奉仕の対象を表す）

> **本文** 那 是 父母亲 **为** 女儿 祈祷 健康 成长 的 日子。
> Nà shì fùmǔqin wèi nǚ'ér qídǎo jiànkāng chéngzhǎng de rìzi.
> それは両親が娘のために健やかな成長を祈願する日だ。

 我 愿意 **为** 两 校 的 交流 尽 力 而 为。　尽力而为：全力を挙げてやること
 Wǒ yuànyì wèi liǎng xiào de jiāoliú jìn lì ér wéi.

※1 "为"には上記の用法の外、目的を表す「～のために」という用法がある。この場合、"为了"も用いられる。

 为了 掌握 汉语 的 发音，我们 天天 要 练习。　掌握：習得する
 Wèile zhǎngwò Hànyǔ de fāyīn, wǒmen tiāntiān yào liànxí.

※2 "给 gěi"も「～のために」と訳され、"为"とよく似た用法がある。
  但し、"为"は奉仕の対象の他に動作の目的や原因を表すが、"给"は奉仕の対象のみを表す。

 我 今晚 **给** 你 打 个 电话。
 Wǒ jīnwǎn gěi nǐ dǎ ge diànhuà.

(3) "不但～而且～"：～ばかりでなく、そのうえ

> **本文** 在 中国 **不但** 成年 女人 过 这 个 节日，**而且** 有些 男人 也 跟着
> Zài Zhōngguó búdàn chéngnián nǚrén guò zhè ge jiérì, érqiě yǒuxiē nánrén yě gēnzhe
> 过 节。 中国では成人女性がこの祝日を祝うばかりでなく、
> guò jié. 一部の男性たちも一緒になってこの日を祝う。

我们 的 老师 **不但** 英语 好，**而且** 西班牙语 也 好。　　　西班牙语：スペイン語
Wǒmen de lǎoshī búdàn Yīngyǔ hǎo, érqiě Xībānyáyǔ yě hǎo.

(4) 比較表現(1)

① **A + "和(跟)" + B + "一样"**　　AはBと同じである。

他 的 体重 **和** 我 **一样**。
Tā de tǐzhòng hé wǒ yíyàng.

② **A主語 + "和(跟)" + B名詞／代名詞 + "一样" (+形容詞)**　　AはBと同じ～である。

※①「AはBと同じである」②「AはBと同じ～である」は二者が同じかどうかを比較する時に用いる比較文である。

> **本文** 现在，中国 的 妇女 **和** 男人 **一样** 参加 各种 社会 工作，…
> Xiànzài, Zhōngguó de fùnǚ hé nánrén yíyàng cānjiā gèzhǒng shèhuì gōngzuò, …
> 　　　　　　　　　　　　現在、中国の女性は男性と同じようにいろいろな仕事に参加して、…

他 的 学习 成绩 **和** 我 **一样**。
Tā de xuéxí chéngjì hé wǒ yíyàng.

这 种 李子 **跟** 白桃 **一样** 甜。　　　　　　　　　　　　　　甜：甘い
Zhè zhǒng lǐzi gēn báitáo yíyàng tián.

※前置詞 "跟" "和" は、話し言葉でよく使われるが、書き言葉では "**同** tóng" も使われる。

ワンポイントレッスン

爱子：中国有没有女儿节？
　　　Àizǐ　Zhōngguó yǒu méi yǒu nǚ'érjié?

小李：没有，只有三八妇女节，和日本的女儿节不同。
XiǎoLǐ　Méi yǒu, zhǐyǒu sānbāfùnǚjié, hé Rìběn de nǚ'érjié bù tóng.

爱子：这个节日是不是中国传统的节日？
　　　Zhè ge jiérì shì bu shì Zhōngguó chuántǒng de jiérì?

小李：不是，它是从外国引进来的。
　　　Bú shì, tā shì cóng wàiguó yǐnjinlai de.

練習問題

(1) 正しい語順に並べ替えなさい。

① 这 是 一天 小女孩 快乐 日本 一天 最 的 。

② 季节 , 所以 桃花节 正 是 盛开 桃花 的 也 叫 那时 。

③ 也 不但 女人 成年 , 过 这个 在 而且 节日 男人 中国 过节 跟着 有些 。

④ 人家 有 安放 的 女孩 偶人 , 准备 菱形 些 年糕 。

⑤ 女人 低下 , 封建社会 地位 里 社会 在 。

(2) 次の（ ）の中にあてはまる語を入れなさい。

① 我希望（　　　）两校的交流尽力而为。
② 这种李子（　　　）白桃一样甜。
③ （　　　）今年夏天特别热，（　　　）我买了一台空调。
④ 我今晚（　　　）你打个电话。
⑤ 我们的老师（　　　）英语好，（　　　）西班牙语也好。

(3) 次の拼音を漢字に直しなさい。

① Zhōngguó yǒu méi yǒu nǚ'érjié?　_____
② Tā de xuéxí chéngjì hé wǒ yíyàng.　_____

北京の
お菓子

　北京のお菓子は「硬くてまずい」とういのが、一昔前までの通り相場だった。上海や広州などに比べると包装がかなり見劣りするというのも、一般的な認識だった。ところが現在の北京は、その不名誉な評価を払拭させたようだ。ケーキやクッキー等の洋菓子が、デパートやスーパーで所狭しと並べられている。昔ながらの伝統菓子に対する需要も根強いが、衛生意識の高まりからそれらも包装して販売されるようになった。"冰糖葫芦 bīngtáng húlu"（サンザシの実を竹串に刺して砂糖水につけたお菓子）[1]は、人気のある伝統菓子の一つだ。以前は包装せずにむき出しのまま売られていたので、自分の眼で美味しそうなものを選んで買うことができた。子どもたちにとっては、そのプロセスも楽しみの一つだったようだ。現在では一年中店頭で売られているが、元来これは冬のお菓子である。子どもたちが"冰糖葫芦"を手に持って走り回るのどかな光景は、寒い冬の風物詩だった。

　"艾窝窝 àiwōwo"[2]、"驴打滚 lǘdǎgǔn"[3]、"豌豆黄 wāndòuhuáng"[4]、"茯苓夹饼 fúlíng jiābǐng"[5]等も、代表的なお菓子としてよく知られている。いずれも今では一つ一つきれいに包装されており、以前のような計り売りは見当たらない。北京のお土産として人気を集めている"茯苓夹饼"は、細かく砕いて蜜で固めた木の実のあんこがセールスポイントだ。"茯苓"は漢方薬にも使用されるブクリョウという木の実であり、そのあんこを薄せんべい状の皮二枚で挟んだサンドイッチ風のお菓子が"茯苓夹饼"である。特有の風味が健康志向の需要を喚起し、ファンが多い。

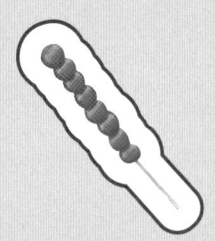

"冰糖葫芦"をもつ看板娘

食堂に並べられた"豌豆黄"

関連語句

1　冰糖葫芦　bīngtáng húlu　サンザシの実を竹串に刺して砂糖水につけたお菓子
2　艾窝窝　　àiwōwo　　　蒸したもち米でアズキあんや砂糖をくるんだ菓子
3　驴打滚　　lǘdǎgǔn　　　もち菓子の一種（モチアワの粉に砂糖をまぜて蒸したもの）
4　豌豆黄　　wāndòuhuáng　えんどう豆の粉に砂糖を加えた蒸し菓子
5　茯苓夹饼　fúlíng jiābǐng　コラム参照

第4课　赏樱　★花見をする★

Shǎng yīng

　　日本是四季分明的岛国，一年里有春天、夏天、秋天和冬天。春天比较暖和，夏天很热，秋天凉快，冬天较冷。

　　我最喜欢春天，因为春天是樱花开放的季节。樱花是日本的国花，又漂亮又大方。在樱花盛开的时候，约上亲朋好友一起去赏樱。有的去公园，有的去河边，大家在樱花树下，或是吃吃喝喝，或是唱歌跳舞。自古以来，这是日本国民共同的一种享受。

新出単語

四季 sìjì	名 四季
分明 fēnmíng	形 はっきりしている
春天 chūntiān	名 春
夏天 xiàtiān	名 夏
秋天 qiūtiān	名 秋
冬天 dōngtiān	名 冬
比较 bǐjiào	副 比較的に、わりあいに ＝"较"
暖和 nuǎnhuo	形 暖かい
热 rè	形 暑い
凉快 liángkuai	形 涼しい
冷 lěng	形 寒い
因为 yīnwèi	接 （原因を表す）～なので、～だから
开放 kāifàng	動 （花が）咲く
又～又～ yòu～yòu～	～でもあり～でもある
漂亮 piàoliang	形 きれい、美しい
大方 dàfang	形 上品である、気前がよい
在 zài	前置 ～に（時間）、～で（場所）
约 yuē	動 約束する
亲朋好友 qīnpénghǎoyǒu	名 親戚と友人
一起 yìqǐ	副 一緒に
赏樱 shǎng yīng	動 花見をする
有的 yǒu de	代 ある（人）
公园 gōngyuán	名 公園
河边 hébiān	名 川辺
或是～或是～ huòshì～huòshì～	～したり～したりする
唱歌 chàng gē	動 歌を歌う
跳舞 tiào wǔ	動 踊る、ダンスをする
共同 gòngtóng	形 共同の／副 共同で、共に
享受 xiǎngshòu	名 享楽、楽しみ／動 享受する

(本文ピンイン)
　　　Rìběn shì sìjì fēnmíng de dǎoguó, yì nián li yǒu chūntiān、xiàtiān、qiūtiān hé dōngtiān. Chūntiān bǐjiào nuǎnhuo, xiàtiān hěn rè, qiūtiān liángkuai, dōngtiān jiào lěng.
　　　Wǒ zuì xǐhuan chūntiān, yīnwèi chūntiān shì yīnghuā kāifàng de jìjié. Yīnghuā shì Rìběn de guóhuā, yòu piàoliang yòu dàfang. Zài yīnghuā shèngkāi de shíhou, yuēshang qīnpénghǎoyǒu yìqǐ qù shǎng yīng. Yǒu de qù gōngyuán, yǒu de qù hébiān, dàjiā zài yīnghuāshù xià, huòshì chīchī hēhē, huòshì chàng gē tiào wǔ. Zì gǔ yǐlái, zhè shì Rìběnguómín gòngtóng de yì zhǒng xiǎngshòu.

文法のポイント

(1) 副詞的用法 "比较"：比較的に、わりに（一定の程度になっていることを表す）

> 春天　**比较**　暖和，…　　春は比較的暖かく、…
> Chūntiān bǐjiào nuǎnhuo, …

　　东京　交通　**比较**　方便。　　　　　　　　　　　　方便：便利である
　　Dōngjīng jiāotōng bǐjiào fāngbiàn.

※1　"较" は "比较" と同じだが、一般に単音節の形容詞を修飾する。書き言葉に多く用いられる。

　　冬天　**较**　冷。
　　Dōngtiān jiào lěng.

※2　**動詞的用法** 比較する

　　把　译文　和　原文　**比较**　一下。
　　Bǎ yìwén hé yuánwén bǐjiào yíxià.

※3　**前置詞的用法** 〜より、〜に比べて（状態や程度の比較）

　　今年　冬天　**比较**　去年　冬天　稍微　冷一点。　　稍微：少し、わずか
　　Jīnnián dōngtiān bǐjiào qùnián dōngtiān shāowēi lěng yìdiǎn.

(2) "又〜又〜"：〜でもあり〜でもある（いくつかの動作・状態・状況が重なる）

　"又" ＋形容詞＋ "又" ＋形容詞

> 樱花　是　日本　的　国花，**又**　漂亮　**又**　大方。　桜は日本の国花で、きれい
> Yīnghuā shì Rìběn de guóhuā, yòu piàoliang yòu dàfang.　で上品である。

　　这　件　衣服　**又**　便宜　**又**　结实。
　　Zhè jiàn yīfu yòu piányi yòu jiēshi.

　"又" ＋動詞（＋目的語）＋ "又" ＋動詞（目的語）

　　小朋友们　**又**　唱　**又**　跳，真　是　活泼　可爱！　　活泼：活発である
　　Xiǎopéngyoumen yòu chàng yòu tiào, zhēn shì huópō kě'ài!

(3) "有的～有的～"：＝有的人～有的人～

> 本文 有的 去 公园，有的 去 河边，…。　　ある人たちは公園へ行き、ある人たちは
> 　　　Yǒu de qù gōngyuán, yǒu de qù hébiān, ….　　河のほとりへ行き、…。

　　有的 赞成，有的 不 赞成，实在 不 好 处理。　　实在：実に、本当に
　　Yǒu de zànchéng, yǒu de bú zànchéng, shízài bù hǎo chǔlǐ.

(4) "或是～或是～"：～したり～したり（する）（いくつかの動詞句を接続する）

> 本文 …，大家 在 樱花树 下，或是 吃吃 喝喝，或是 唱 歌 跳 舞。
> 　　…, dàjiā zài yīnghuāshù xià, huòshì chīchī hēhē, huòshì chàng gē tiào wǔ.
> 　　…、人々は桜の木の下で、飲んで食べたり、歌ったり踊ったりする。

　　中午 休息 的 时候，大家 或是 打 羽毛球 或是 打 排球。　羽毛球：バドミントン
　　Zhōngwǔ xiūxi de shíhou, dàjiā huòshì dǎ yǔmáoqiú huòshì dǎ páiqiú.
　　※ "或是～或是～" は "有时候～有时候～" と同じである。

(5) 動詞の重ね型 "吃吃喝喝"：飲んだり食べたりする

　　動詞（動作・行為）を重ねると「ちょっと～する」「ためしに～してみる」というニュアンスを表す。

> 本文 …，或是 吃吃 喝喝，或是…。　【訳文：(4) "或是～或是～" 参照】
> 　　…, huòshì chīchī hēhē, huòshì ….

　　他 整天 吃吃 喝喝 混 日子。
　　Tā zhěngtiān chīchī hēhē hùn rìzi.

　　※動詞の重ね型

① ＡＡ型（Ａ：一音節の動詞）

　　看　→　看看　　　　看一看　　　　看了看
　　kàn　　kànkan　　　kàn yi kan　　 kàn le kan

　　说　→　说说　　　　说一说　　　　说了说
　　shuō　　shuōshuo　　shuō yi shuo　 shuō le shuo

② ＡＢＡＢ型（ＡＢ：二音節の動詞）

　　休息　→　休息休息
　　xiūxi　　xiūxixiuxi

　　商量　→　商量商量　　　　　　　　　　　　　　　商量：相談する
　　shāngliang　shāngliangshangliang

ワンポイントレッスン

爱子：樱花是日本的国花，中国的国花是什么？
　　　Àizǐ　Yīnghuā shì Rìběn de guóhuā, Zhōngguó de guóhuā shì shénme?

小李：中国没有国花，但是中国人很喜欢牡丹花。
　　　XiǎoLǐ　Zhōngguó méiyǒu guóhuā, dànshì Zhōngguórén hěn xǐhuan mǔdānhuā.

爱子：我也喜欢。在樱花盛开的时候，我们一起去赏樱吧。
　　　Wǒ yě xǐhuan. Zài yīnghuā shèngkāi de shíhou, wǒmen yìqǐ qù shǎng yīng ba.

小李：好啊！我们去上野公园吧。
　　　Hǎo a! Wǒmen qù Shàngyě gōngyuán ba.

練習問題

(1) 正しい語順に並べ替えなさい。

① 有的　河边　去，去　有的　公园　。

② 大方　是　樱花　漂亮　又，日本　又　的　国花　。

③ 跳舞　在　大家　樱花树，下　喝喝，或是　吃吃　唱歌　或是　。

④ 在　樱花　的　时候，赏樱　约上　亲朋好友　去　盛开　一起　。

⑤ 最　春天，因为　是　我　季节　的　樱花　春天　开放　喜欢　。

(2) 次の（　）の中にあてはまる語を入れなさい。

① 这件衣服（　　）便宜（　　）结实。
② （　　）赞成，（　　）不赞成，实在不好处理。
③ 他整天（　　）混日子。
④ 中午休息的时候，大家（　　）打羽毛球（　　）打排球。
⑤ 东京交通（　　）方便。

(3) 次の拼音を漢字に直しなさい。

① Rìběn shì sìjì fēnmíng de dǎoguó.

② Xiǎopéngyoumen yòu chàng yòu tiào, zhēn shì huópō kě'ài!

第5课　包饺子　★ギョーザをつくる★

　　今天是校庆，放一天假。家里来了几个朋友。我朋友都喜欢吃中国家常菜，尤其喜欢水饺。有的和面、有的剁肉、有的剁菜、有的擀皮儿，乒乒乓乓的可热闹了。我们一边包一边聊天，气氛很和谐。做饺子馅儿的肉类有猪肉、牛肉、羊肉。最常用的菜类有白菜、韭菜、芹菜、荠菜，还可用萝卜、茄子、西葫芦什么的。饺子煮好了，大家一起吃各种馅儿的饺子。这次我们包的是相当成功的，味道比饭馆儿的还好吃。

新出単語

包 bāo	動 包む〈～饺子：ギョーザをつくる〉
校庆 xiàoqìng	名 学校の創立記念日
放假 fàng jià	動 休みになる〈放一天假：一日休みになる〉
几 jǐ	数 いくつ
家常菜 jiāchángcài	名 家庭料理
尤其 yóuqí	副 とくに、とりわけ
水饺 shuǐjiǎo	名 水ギョーザ
有的 yǒu de	ある人　="有的人" 第4課参照
和 huó	動 （粉などに水を加えて）こねる〈～面：小麦粉をこねる〉
剁 duò	動 たたき切る、たたき刻む〈～肉：肉をたたいてミンチにする〉〈～菜：野菜を切り刻む〉
擀 gǎn	動 （棒状の道具で）押しのばす〈～皮儿：ギョーザの皮をつくる〉
乒乒乓乓 pīngpīngpāngpāng	擬 パンパン、パラパラ "乒乓" のかさね型
可 kě	副 本当に　="真是 zhēnshì"
热闹 rènao	形 にぎやかである
一边～一边～ yìbiān~yìbiān~	～しながら～する（="一面～一面～"）
聊天 liáotiān	動 おしゃべりする、雑談する
气氛 qìfēn	名 雰囲気、気分
和谐 héxié	形 調和のとれている、整っている
馅儿 xiànr	名 中身、あん
肉类 ròulèi	名 肉の種類
常用 chángyòng	形 よく用いる、常用の
韭菜 jiǔcài	名 ニラ
芹菜 qíncài	名 キンサイ、中国のセロリ
荠菜 jìcài	名 ナズナ
可 kě	助動 ～できる、～られる〈可用：用いられる〉
萝卜 luóbo	名 大根
茄子 qiézi	名 ナス
西葫芦 xīhúlu	名 ペポカボチャ　ズッキーニ（よくギョーザのあんに使う）
什么的 shénme de	などなど　="等 děng"、"等等"
煮 zhǔ	動 煮る、ゆでる
相当 xiāngdāng	副 相当、かなり
味道 wèidao	名 味
比 bǐ	前置 ～よりも
还 hái	副 さらに、より

（本文ピンイン）
　　Jīntiān shì xiàoqìng, fàng yìtiān jià. Jiā li láile jǐ ge péngyou. Wǒ péngyou dōu xǐhuan chī Zhōngguó jiāchángcài, yóuqí xǐhuan shuǐjiǎo. Yǒu de huó miàn、yǒu de duò ròu、yǒu de duò cài、yǒu de gǎnpír, pīngpīngpāngpāng de kě rènao le. Wǒmen yìbiān bāo yìbiān liáotiān, qìfēn hěn héxié. Zuò jiǎozi xiànr de ròulèi yǒu zhūròu、niúròu、yángròu. Zuì chángyòng de càilèi yǒu báicài、jiǔcài、qíncài、jìcài, hái kě yòng luóbo、qiézi、xīhúlu shénme de. Jiǎozi zhǔhǎo le, dàjiā yìqǐ chī gèzhǒng xiànr de jiǎozi. Zhè cì wǒmen bāo de shì xiāngdāng chénggōng de, wèidao bǐ fànguǎnr de hái hǎochī.

文法のポイント

(1) 存現文

場所＋動詞（存在／出現／消失）＋事物／人　　「～に～が現れた」「～から消えた」「～に～がいる／ある」

本文 家 里 来 了 几 个 朋友。　家に友人が数人やって来た。
　　　Jiā li láile jǐ ge péngyou.

前面 骑过来了 一 辆 自行车。（**出現**）
Qiánmiàn qíguolaile yí liàng zìxíngchē.

班 里 走了 三 个 人。（**消失**）
Bān li zǒule sān ge rén.

礼堂 里 坐着 三百 多 个 观众。（**存在**）　　观众：観衆
Lǐtáng li zuòzhe sānbǎi duō ge guānzhòng.

他 家 里 有 很 多 书。（**存在**）
Tā jiā li yǒu hěn duō shū.

外面 下着 大雨。（**自然現象**）
Wàimiàn xiàzhe dàyǔ.

※否定は"没有（没）"を用いる

信封 上 没 有 写 住址。　　信封：封筒／住址：住所
Xìnfēng shang méi yǒu xiě zhùzhǐ.

(2) "尤其"：特に、とりわけ（＝"尤其是"）

本文 我 朋友 都 喜欢 吃 中国 家常菜，**尤其** 喜欢 水饺。
　　　Wǒ péngyou dōu xǐhuan chī Zhōngguó jiāchángcài, yóuqí xǐhuan shuǐjiǎo.
　　　　　　私の友人はみんな中国の家庭料理が好きで、特に水ギョーザが好きだ。

中国人 **尤其** 喜爱 牡丹花。
Zhōngguórén yóuqí xǐ'ài mǔdānhuā.

(3) "乒乒乓乓"：パンパン、パラパラ

"乒乓"（物がぶつかる音）が重なった形で音が数回続いていることをいう。

| 本文 | …, 乒乒乓乓 的 可 热闹 了。　…、パンパンと音がひびき、実に賑やかだ。
…, pīngpīngpāngpāng de kě rènao le. |

从 厨房 传来了 母亲 做 早饭 的 乒乒乓乓 的 声音。
Cóng chúfáng chuánláile mǔqin zuò zǎofàn de pīngpīngpāngpāng de shēngyīn.

厨房：台所／传来：伝わる

(4) "一边～一边～"：～しながら～する（同時に二つ以上の動作を並行して行う）
　　　　　　　　（＝"一面～一面～"）

| 本文 | 我们 一边 包 一边 聊天, 气氛 很 和谐。
Wǒmen yìbiān bāo yìbiān liáotiān, qìfēn hěn héxié.
　　　　　　　私たちは作りながらおしゃべりしたりして、雰囲気がとても和やかである。 |

弟弟 一边 听 音乐, 一边 写 作业。
Dìdi yìbiān tīng yīnyuè, yìbiān xiě zuòyè.

(5) 比較表現(2)

主語＋"比"＋名詞・代名詞＋形容詞（＋"得多"／"一点儿"／数量詞）

| 本文 | 这次 我们 包 的 是 相当 成功 的, 味道 比 饭馆儿 的 还 好吃。
Zhè cì wǒmen bāo de shì xiāngdāng chénggōng de, wèidao bǐ fànguǎnr de hái hǎochī.
　　　　　今度作ったのはかなりうまくできたし、味だって食堂のものよりずっと美味しい。 |

今天 比 昨天 冷 得 多。
Jīntiān bǐ zuótiān lěngde duō.

这 件 衣服 比 那 件 衣服 大 一点儿。
Zhè jiàn yīfu bǐ nà jiàn yīfu dà yìdiǎnr.

他 比 我 小 三 岁。
Tā bǐ wǒ xiǎo sān suì.

※否定は"没有"を用いる

那儿 没 有 这儿 暖和。
Nàr méi yǒu zhèr nuǎnhuo.

※"有"を用いて「到達度」を比較する（～は～ぐらい～だ）

他 有 我 这么 高。
Tā yǒu wǒ zhème gāo.

※否定は"没有～（那么／这么）～"（～は～ほど～ではない）

东京 没 有 北海道 那么 冷。
Dōngjīng méi yǒu Běihǎidào nàme lěng.

ワンポイントレッスン

爱子：我特爱吃水饺，你呢？
  Àizǐ   Wǒ tè ài chī shuǐjiǎo, nǐ ne?

小李：我是北京人，当然喜欢水饺。
  XiǎoLǐ Wǒ shì Běijīngrén, dāngrán xǐhuan shuǐjiǎo.

爱子：和面、擀皮儿，我都学会了。
        Huó miàn、gǎn pír, wǒ dōu xuéhuì le.

小李：不错，有机会我想尝一尝你包的饺子。
        Bú cuò, yǒu jīhuì wǒ xiǎng cháng yi chang nǐ bāo de jiǎozi.

練習問題

(1) 正しい語順に並べ替えなさい。

① 都 吃 喜欢 家常菜 中国 朋友 我 。

_____

② 大家 饺子 馅儿 的 吃 各种 一起 。

_____

③ 几 个 家 来 里 了 朋友 。

_____

④ 白菜 韭菜 、最 菜类 的 有 什么的 芹菜 常用 、。

_____

⑤ 一边 我们 包 一边 ，很 气氛 聊天 和谐 。

_____

(2) 次の（ ）の中にあてはまる語を入れなさい。

① 这件衣服（　　　）那件衣服大一点儿。
② 弟弟一（　　　）听音乐，一（　　　）写作业。
③ 信封上（　　　）写住址。
④ 他（　　　）我这么高。
⑤ 中国人（　　　）喜爱牡丹花。

(3) 次の拼音を漢字に直しなさい。

① Jīntiān shì xiàoqìng, fàng yìtiān jià.　_____

② Wèidao bǐ fànguǎnr de hái hǎochī.　_____

第6课　来访 Láifǎng　★訪ねて来る★

　　小宋是我的朋友。我们是在北京学习时认识的。相识后的半年里，我们相处得很好。她回天津后还常来信问候我。这次她知道我留学期限已满，后天要回日本，特意从天津赶到北京来送我。她还带来了我最爱吃的天津有名的狗不理包子和麻花。

　　为了畅谈友情，我们先去西单吃点儿北京小吃，然后去景山公园走走。在北海公园我们登上白塔，看到了紫禁城的全景，真是使我们很激动。太阳下山的时候，才离开公园。

新出単語

小 xiǎo	接頭（自分より年下や同年の人の姓につける）〜さん、〜君〈小宋：宋さん〉	麻花 máhuā	名 お菓子（天津名産）
认识 rènshi	動 知る、見知る	为了 wèile	前置 〜のために、〜のため
相识 xiāngshí	動 知り合う	畅谈 chàngtán	動 愉快に語り合う
相处 xiāngchǔ	動 付き合う、共に過ごす	先 xiān	副 まず、先に
回 huí	動 戻る、帰る〈〜天津后：天津に戻ってから〉	点儿 diǎnr	量 少し、ちょっと（少量を表す）
常 cháng	副 よく、いつも、しばしば	小吃 xiǎochī	名 軽食、簡単な料理〈北京小吃：北京の食物〉
来信 lái xìn	動 手紙をよこす、便りをする	然后 ránhòu	副 それから、そして、その後
问候 wènhòu	動 機嫌を伺う	北海公园 Běihǎi gōngyuán	名 北海公園
知道 zhīdao	動 知る、分かる	登上 dēng shang	動 登る
已 yǐ	副 すでに、もう〈〜满：すでに満期となる〉	白塔 Báitǎ	名 白塔（北海公園の中にある）
特意 tèyì	副 わざわざ	紫禁城 Zǐjìnchéng	名 紫禁城
从 cóng	前置 〜から、〜より	全景 quán jǐng	名 全景
赶 gǎn	動 急いで〜する	使 shǐ	動 〜させる
送 sòng	動 送っていく、贈る	激动 jīdòng	動 感動する
狗不理包子 Gǒubulǐbāozi	天津老舗の肉まん	下山 xià shān	動 下山する
		才 cái	副 やっと、ようやく
		离开 líkāi	動 離れる

(本文ピンイン)
　　Xiǎo Sòng shì wǒ de péngyou. Wǒmen shì zài Běijīng xuéxí shí rènshi de. Xiāngshí hòu de bànnián li, wǒmen xiāngchǔde hěn hǎo. Tā huí Tiānjīn hòu hái cháng lái xìn wènhòu wǒ. Zhè cì tā zhīdao wǒ liúxué qīxiàn yǐ mǎn, hòutiān yào huí Rìběn, tèyì cóng Tiānjīn gǎn dào Běijīng lái sòng wǒ. Tā hái dàilaile wǒ zuì ài chī de Tiānjīn yǒumíng de Gǒubùlǐbāozi hé máhuā.
　　Wèile chàngtán yǒuqíng, wǒmen xiān qù Xīdān chī diǎnr Běijīng xiǎochī, ránhòu qù Jǐngshān gōngyuán zǒuzou. Zài Běihǎi gōngyuán wǒmen dēng shang Báitǎ, kàndào le Zǐjìnchéng de quán jǐng, zhēn shì shǐ wǒmen hěn jīdòng. Tàiyáng xià shān de shíhou, cái líkāi gōngyuán.

文法のポイント

(1) "在〜时"：(="在〜的时候")、"在〜时"は書きことばに多く用いられる。

| 本文 我们 是 **在** 北京 学习 **时** 认识 的。
Wǒmen shì zài Běijīng xuéxí shí rènshi de. | 私たちは北京で勉強していた頃に知り合った。 |

他 **在** 美国 留学 **时** 已经 结婚 了。
Tā zài Měiguó liúxué shí yǐjing jiéhūn le.

(2) "特意"：わざわざ、特に

| 本文 …, **特意** 从 天津 赶 到 北京 来 送 我。
…, tèyì cóng Tiānjīn gǎn dào Běijīng lái sòng wǒ. | …、わざわざ天津から私を送るために北京へ駆けつけてくれた。 |

今天 是 母亲节，爸爸 **特意** 买回 一 束 花 来 了。　　母亲节：母の日
Jīntiān shì Mǔqīnjié, bàba tèyì mǎihuí yí shù huā lái le.

(3) 様態補語

主語＋動詞＋"**得**(de)"（＋程度副詞）＋形容詞

本文 相识 后 的 半年 里，我们 相处**得** 很 好。 Xiāngshí hòu de bànnián li, wǒmen xiāngchǔde hěn hǎo.
知り合いになった半年の間、私たちはとてもうまく付き合った。

她 说**得** 非常 流利。　　流利：流暢である
Tā shuōde fēicháng liúlì.

訪ねて来る　33

※目的語がある場合

主語（＋動詞）＋目的語＋動詞＋"得(de)"（＋程度副詞）＋形容詞

她（说）汉语 说**得** 非常 流利。
Tā (shuō) Hànyǔ shuōde fēicháng liúlì.

※目的語を強調する場合

电子 邮件 他 打**得** 很 快。
Diànzi yóujiàn tā dǎde hěn kuài.

电子邮件：eメール

(4) "先～然后～"：先に～して、それから～

> …，我们 **先** 去 西单 吃 点儿 北京 小吃，**然后** 去 景山 公园 走走。
> …, wǒmen xiān qù Xīdān chī diǎnr Běijīng xiǎochī, ránhòu qù Jǐngshān gōngyuán zǒuzou.
> …、私たちは先に西単へ行き「北京小吃」を食べてから景山公園へ行った。

咱们 **先** 做完 作业，**然后** 看 电视 吧！
Zánmen xiān zuòwán zuòyè, ránhòu kàn diànshì ba!

(5) 兼語文：～に～させる

主語＋"请、使、让、叫"＋目的語（主語）＋動詞＋他の要素

> 在 北海 公园 我们 登 上"白塔"，看到 了 紫禁城 的 全 景，
> Zài Běihǎi gōngyuán wǒmen dēng shang "Báitǎ", kàndào le Zǐjìnchéng de quán jǐng,
> 真 是 **使** 我们 很 激动。
> zhēn shì shǐ wǒmen hěn jīdòng.
> 北海公園で私たちは白塔に登って紫禁城の全景を見たが、それは実に我々を感動させた。

中国 老师 **请** 我们 吃 饺子。
Zhōngguó lǎoshī qǐng wǒmen chī jiǎozi.

老师 **让** 我们 坐下。
Lǎoshī ràng wǒmen zuòxià.

爸爸 **叫** 我 去 买 酒。
Bàba jiào wǒ qù mǎi jiǔ.

※否定は"不""没(有)"

爸爸 不 **让** 我 抽 烟。
Bàba bú ràng wǒ chōu yān.

妈妈 没 **让** 我 学 芭蕾舞。
Māma méi ràng wǒ xué bāléiwǔ.

芭蕾舞：バレエ

ワンポイントレッスン

爱子：小宋是我很好的朋友。
　　　Àizǐ　Xiǎo Sòng shì wǒ hěn hǎo de péngyou.

小李：你们是在哪儿认识的?
XiǎoLǐ　Nǐmen shì zài nǎr rènshi de?

爱子：我们是在北京学习的时候认识的。
　　　Wǒmen shì zài Běijīng xuéxí de shíhou rènshi de.

小李：我非常羡慕你们。
　　　Wǒ fēicháng xiànmù nǐmen.

練習問題

(1) 正しい語順に並べ替えなさい。

① 才 太阳 的 下山 ，公园 离开 时候 。

② 我 从 来 北京 天津 送 特意 赶 到 。

③ 我们 半年 的 相识 后 ，相处 很 得 好 里 。

④ 北海 我们 白塔 ，公园 在 登 了 全景 上 的 紫禁城 看到 ，我们 很 使 是 真 激动 。

⑤ 回 还 来信 我 问候 常 她 天津 后 。

(2) 次の（ ）の中にあてはまる語を入れなさい。

① 老师（　　）我们坐下。
② 今天母亲节，爸爸（　　）买回一束花来了。
③ 她汉语说（　　）非常流利。
④ 咱们先做好作业，（　　）看电视吧！
⑤ 他（　　）美国留学（　　）已经结婚了。

(3) 次の拼音を漢字に直しなさい。

① Zhēn shì shǐ wǒmen hěn jīdòng.
② Hòutiān yào huí Rìběn.

北京の
朝市と朝食

　北京でも、今やメインストリートの景観は近代都市そのものだ。でもそこからちょっと裏通りに入ると、昔ながらの生活風景に接することができる。狭い通りに軒を並べた商店街で、毎朝6時から8時まで朝市が開かれているのだ。新鮮な野菜や果物、それに穀類や中国料理に欠かせない様々な調味料等がびっしりと連なる光景は、見るだけでも心躍るものがある。朝の散歩と買い物を同時に楽しめる北京の朝市には、常連の愛好者も多い。

　人の流れに沿ってしばらく歩いて行くと、通りの両側に美味しそうな食べ物が目につき始める。ちょうど朝食の時間だ。朝市の客にとっては、これも欠かせない楽しみの一つである。この一角では売り手の呼び込みや客の注文、それに食器のぶつかり合う音が重なって、話し声もよく聞こえない喧騒が周囲を圧している。それも昔と変わらぬ光景だが、違う点があるとすれば清潔感だろうか。あまりきれいとは言えない嘗ての店先や店内には、一種躍動的な雰囲気がにじみでていた。そしてそれなりに捨て難い趣もあった。しかし近代化が進む北京では、ある程度の環境整備が時代の要求なのだろう。すっきりとした印象を与える衛生的な店が増えているようだ。

　朝食のメニューは種類が多く、選択の幅が実に広い。食生活の変化を反映してパンや牛乳、"酸奶 suānnǎi"[1]ヨーグルトを販売している店もあるが、主流はやはり伝統的な朝食の献立である。"豆汁 dòuzhī"[2]、"豆腐脑 dòufunǎo"[3]、"豆浆 dòujiāng"[4]、"油条 yóutiáo"[5]、"油饼 yóubǐng"[6]、"包子 bāozi"[7]、"馒头 mántou"[8]、"粥 zhōu"[9]、"炸酱面 zhájiàngmiàn"[10]、"拉面 lāmiàn"[11]等は、常に人気のある定番メニューだし"山楂糕 shānzhāgāo"[12]も食後のデザートとして長く親しまれている。湯気の立つ油条を手に持って大声で売り込む店主の姿も、毎度おなじみの情景だ。昔も今も、活き活きとした生活の息吹が充満する、北京の裏通り風景である。

朝市の風景（隆福寺の近くで）

飲み物と一緒にヨーグルトが並べられている

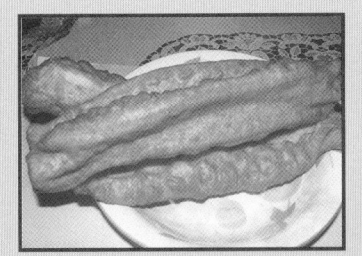

豆腐脑　　　　　　油条　　　　　　油条を売っている店

関連語句

1　酸奶　　suānnǎi
2　豆汁　　dòuzhī
3　豆腐脑　dòufunǎo
4　豆浆　　dòujiāng
5　油条　　yóutiáo
6　油饼　　yóubǐng
7　包子　　bāozi
8　馒头　　mántou
9　粥　　　zhōu
10　炸酱面　zhájiàngmiàn
11　拉面　　lāmiàn
12　山楂糕　shānzhāgāo

第7课 我的家庭 ★私の家庭★

Wǒ de jiātíng

　　我家一共四口人，爸爸、妈妈、姐姐和我。我爸爸是医生，在医院工作。他有时工作很忙，很晚才回家，有时回来得早些。我妈妈是播音员，她在电视台上班。因为妈妈的休息日和我们不同，所以星期天我们经常不能和妈妈一起出去玩。只有节假日全家才能聚在一起愉快地度过。姐姐大学毕业后，在一家银行工作。我上高中三年级，暑假就要考大学了。现在学习很紧张。我们的家庭是个又温暖又幸福的家庭。

新出単語

一共 yígòng	副 合わせて、合計で
口 kǒu	量 家族・家畜などを数える
和 hé	接 ～と～、および
医生 yīshēng	名 医者 ＝"大夫 dàifu"
医院 yīyuàn	名 病院
晚 wǎn	形 (時間が)遅い、遅れている
早 zǎo	形 (時間が)早い 〈早 些：少し早い〉
播音员 bōyīnyuán	名 アナウンサー
电视台 diànshìtái	名 テレビ局
上班 shàng bān	動 出勤する、勤務する ⇔ "下班"
因为 yīnwèi	接 (原因を表す)～なので 〈因为～所以～：～なので～だから～〉 第3課参照
经常 jīngcháng	副 いつも、しょっちゅう
能 néng	助動 することができる
玩 wán	動 遊ぶ
只有 zhǐyǒu	接 ただ～だけが 〈只有～才～：～してはじめて〉
节假日 jiéjiàrì	名 休暇となる祝祭日
全家 quán jiā	名 家族全員
聚 jù	動 集まる、集める 〈～在一起：一緒に集まる〉
度过 dùguò	動 過ごす、暮らす
家 jiā	量 家、店、会社などを数える
银行 yínháng	名 銀行
上 shàng	動 (職場や学校に)通う
高中 gāozhōng	名 高校＝高級中学
暑假 shǔjià	名 夏休み
紧张 jǐnzhāng	形 ＝"忙"緊迫している、忙しい
温暖 wēnnuǎn	形 暖かい、温かい
幸福 xìngfú	形 幸福である

(本文ピンイン)

　　Wǒ jiā yígòng sì kǒu rén, bàba、māma、jiějie hé wǒ. Wǒ bàba shì yīshēng, zài yīyuàn gōngzuò. Tā yǒushí gōngzuò hěn máng, hěn wǎn cái huíjiā, yǒushí huíláide zǎo xiē. Wǒ māma shì bōyīnyuán, tā zài diànshìtái shàng bān. Yīnwèi māma de xiūxirì hé wǒmen bù tóng, suǒyǐ xīngqītiān wǒmen jīngcháng bù néng hé māma yìqǐ chūqu wán. Zhǐyǒu jiéjiàrì quán jiā cái néng jù zài yìqǐ yúkuài de dùguò. Jiějie dàxué bìyè hòu, zài yì jiā yínháng gōngzuò. Wǒ shàng gāozhōng sān niánjí, shǔjià jiùyào kǎo dàxué le. Xiànzài xuéxí hěn jǐnzhāng. Wǒmen de jiātíng shì ge yòu wēnnuǎn yòu xìngfú de jiātíng.

文法のポイント

(1) "有时～有时～（有时候～有时候）"：時には～、時には～する

> **本文** 他 **有时** 工作 很 忙，很 晚 才 回家，**有时** 回来得 早 些。
> 　　　Tā yǒushí gōngzuò hěn máng, hěn wǎn cái huíjiā, yǒushí huíláide zǎo xiē.
> 　　　　　　　　　　彼は時には仕事が忙しくて、遅い時間に帰宅し、時には少し早めに帰る。

　放假 的 时候，**有时** 看看 电视，**有时** 听听 古典 乐曲。　　　乐曲：楽曲、曲
　Fàngjià de shíhou, yǒushí kànkan diànshì, yǒushí tīngting gǔdiǎn yuèqǔ.

(2) "只有～才～"：～してこそ～

> **本文** **只有** 节假日 全 家 **才** 能 聚 在 一起 愉快 地 度过。
> 　　　Zhǐyǒu jiéjiàrì quán jiā cái néng jù zài yìqǐ yúkuài de dùguò.
> 　　　　　　　　　祭日になって家族が一緒に集まって楽しく過ごすことができる。

　你们 **只有** 从 零 开始 学习 **才** 能 学好。
　Nǐmen zhǐyǒu cóng líng kāishǐ xuéxí cái néng xuéhǎo.

　只有 能 解决 这 个 问题 **才** 同意 投资。
　Zhǐyǒu néng jiějué zhè ge wèntí cái tóngyì tóuzī.

(3) "就要～了"：もうすぐ～である（まもなくある状況が発生する）

　主語＋"（就／快)要"＋動詞（＋目的語）＋"了"

> **本文** （我）暑假 **就要** 考 大学 了。　　夏休みになるとすぐに大学受験だ。
> 　　　(Wǒ) shǔjià jiùyào kǎo dàxué le.

　电车 **快要** 开 了，快 上 车 吧。　　　　开：発車する、運転する
　Diànchē kuàiyào kāi le, kuài shàng chē ba.

　就要 放 寒假 了。　　　　　　　　　　寒假：冬休み
　Jiùyào fàng hánjià le.

私の家庭　39

花儿 **要** 谢 了。　　　　　　　　　　　　　谢：しぼむ（花や木の葉が）
Huār yào xiè le.

(4) 離合動詞について

> _{本文} 姐姐 大学 **毕业** 后，在 一 家 银行 工作。　姉は大学を卒業してから、
> 　　　Jiějie dàxué bìyè hòu, zài yì jiā yínháng gōngzuò.　銀行に勤めている。

"毕业"のようなＶＯ型の動詞の中には"毕"と"业"に分離するものもあり、これを離合動詞という。"毕业"の他によく使われるものには以下のものがある。

请 您 **帮** 个 **忙** 吧。　　　　　　　　　帮忙：手伝う、助ける、手助けする
Qǐng nín bāng ge máng ba.

她 每天 **洗** 一 次 **澡**。　　　　　　　　洗澡：お風呂に入る、入浴する
Tā měitiān xǐ yí cì zǎo.

我 下周 准备 **请** 三天 **假**。　　　　　　请假：休みをとる（もらう）
Wǒ xiàzhōu zhǔnbèi qǐng sān tiān jià.

他们 是 小孩儿，别 **生** 他们 的 **气** 呀！　生气：腹が立つ、怒る
Tāmen shì xiǎoháir, bié shēng tāmen de qì ya!

她 是 已经 **结**过 **婚** 的 人。　　　　　　结婚：結婚する
Tā shì yǐjing jiéguo hūn de rén.

(5) 主述述語文

> 主語＋述語（主語＋述語）　　〜は〜が（どんな）だ

> _{本文} 现在 学习 很 紧张。　今は勉強がとても忙しい。
> 　　　Xiànzài xuéxí hěn jǐnzhāng.

> _{1課本文} 我 身体 很 结实，…　私は身体がとても丈夫で、…
> 　　　Wǒ shēntǐ hěn jiēshi, …

大象 鼻子 很 长。
Dàxiàng bízi hěn cháng.

今天 天气 不 好。
Jīntiān tiānqì bù hǎo.

ワンポイントレッスン

爱子：我有一个姐姐，你呢？
　Àizǐ　Wǒ yǒu yí ge jiějie, nǐ ne?

小李：没有，我没有兄弟姐妹。
　XiǎoLǐ　Méi yǒu, wǒ méi yǒu xiōngdì jiěmèi.

爱子：你不会寂寞吗？
　　　Nǐ bú huì jìmò ma?

小李：当然会。因为有种种原因，这是免不了的事。
　　　Dāngrán huì. Yīnwèi yǒu zhǒngzhǒng yuányīn, zhè shì miǎnbuliǎo de shì.

練習問題

(1) 正しい語順に並べ替えなさい。

① 大学 后 ，在 工作 毕业 一 银行 姐姐 家 。

② 是 妈妈 我 ，她 上班 在 播音员 电视台 。

③ 星期天 经常 我们 一起 妈妈 出去 所以 和 不 玩 能 。

④ 是 又 家庭 个 我们 温暖 的 幸福 家庭 又 的 。

⑤ 节假日 地 才 在 一起 能 全家 只有 聚 愉快 度过 。

(2) 次の（ ）の中にあてはまる語を入れなさい。

① 电车（　　）开了，快上车吧。
② 我下周准备（　　）三天假。
③ 你们（　　）从零开始学习（　　）能学好。
④ 花儿（　　）谢了。
⑤ 放假的时候，（　　）看看电视，（　　）听听古典乐曲。

(3) 次の拼音を漢字に直しなさい。

① Xiànzài xuéxí hěn jǐnzhāng.　＿＿＿＿＿＿＿＿＿＿
② Wǒ bàba shì yīshēng, zài yīyuàn gōngzuò.

第8课　天气　Tiānqì　★天気★

　　到了夏天，我们特别注意收看天气预报，因为七、八月份台风从菲律宾地区席卷日本。台风到来时，正是暑假期间。大家都利用假期准备在国内或国外旅游。但是台风一登陆，交通就会受阻，去旅游、回家乡的计划不能顺利实现。

　　据天气预报报道："关东地区近日气温上升五到六度，最高气温达到三十五度。为了防晒，出门时要戴帽子、带阳伞等。明天是晴转多云，傍晚有雷阵雨。"

新出単語

到 dào	動 到着する、来る
夏天 xiàtiān	名 夏
特别 tèbié	副 特に、特別に
注意 zhùyì	動 注意する、気をつける
月份 yuèfèn	（暦の上の）月順（ある月の1カ月全体を指す）
菲律宾 Fēilǜbīn	名 フィリピン
席卷 xíjuǎn	動 ものすごい勢いで巻き込む
到来 dàolái	動 到着する、やって来る
正 zhèng	副 第3課参照
利用 lìyòng	動 利用する
假期 jiàqī	名 休暇期間
准备 zhǔnbèi	動 準備する　助動 ～するつもりである
或 huò	接 あるいは、または
旅游 lǚyóu	動 旅行する
但是 dànshì	接 しかし、～けれども
登陆 dēng lù	動 上陸する
受阻 shòu zǔ	動 妨害される、阻まれる
家乡 jiāxiāng	名 故里、故郷
顺利 shùnlì	形 順調である
实现 shíxiàn	動 実現する
据 jù	前置 ～によれば
报道 bàodào	動 報道する　名 ニュース、報道
近日 jìnrì	名 近ごろ、このところ
上升 shàngshēng	動 上昇する、上がる
达到 dádào	動 到達する
为了 wèile	前置 ～のために　第3課参照
晒 shài	動 日が照りつける、日があたる
出门 chūmén	動 出かける、外出する
戴 dài	動 のせる、かぶせる〈～帽子：帽子をかぶる〉
带 dài	動 身につける〈～阳伞：日傘を持つ〉
晴转多云 qíng zhuǎn duō yún	晴れのち曇り
傍晚 bàngwǎn	名 夕方
雷阵雨 léizhènyǔ	名 雷を伴うにわか雨

(本文ピンイン)
　　Dào le xiàtiān, wǒmen tèbié zhùyì shōukàn tiānqì yùbào, yīnwèi qī、bā yuèfèn táifēng cóng Fēilǜbīn dìqū xíjuǎn Rìběn. Táifēng dàolái shí, zhèng shì shǔjià qījiān. Dàjiā dōu lìyòng jiàqī zhǔnbèi zài guónèi huò guówài lǚyóu. Dànshì táifēng yì dēng lù, jiāotōng jiù huì shòu zǔ, qù lǚyóu、huí jiāxiāng de jìhuà bù néng shùnlì shíxiàn.

　　Jù tiānqì yùbào bàodào : "Guǎndōng dìqū jīnrì qìwēn shàngshēng wǔ dào liù dù, zuìgāo qìwēn dádào sānshíwǔ dù. Wèile fáng shài, chūmén shí yào dài màozi、dài yángsǎn děng. Míngtiān shì qíng zhuǎn duō yún, bàngwǎn yǒu léizhènyǔ."

文法のポイント

(1) "从"：〜から

場所を表す"从"

> 本文 …，因为 七、八 月份 台风 **从** 菲律宾 地区 席卷 日本。
> …, yīnwèi qī、bā yuèfèn táifēng cóng Fēilǜbīn dìqū xíjuǎn Rìběn.
> 　　…、七、八月は台風がフィリピン地域から日本まで巻き込んでしまうからである。

　我 刚 **从** 学校 回来。
　Wǒ gāng cóng xuéxiào huílai.

時間の起点を表す"从"

　我们 每天 **从** 早上 六 点 到 十 点 打工。
　Wǒmen měitiān cóng zǎoshang liù diǎn dào shí diǎn dǎgōng.

範囲を表す"从"

　这 份 工作 **从** 头 到 尾 是 他 一 个 人 做 的。
　Zhè fèn gōngzuò cóng tóu dào wěi shì tā yí ge rén zuò de.

(2) "准备"：〜するつもりである、〜する予定である

> 本文 大家 都 利用 假期 **准备** 在 国内 或 国外 旅游。
> Dàjiā dōu lìyòng jiàqī zhǔnbèi zài guónèi huò guówài lǚyóu.
> 　　みんなは休みを利用して国内または国外へ旅行するつもりだ。

　昨天 我们 本来 **准备** 去 看 住院 的 同学。　　　住院：入院する
　Zuótiān wǒmen běnlái zhǔnbèi qù kàn zhùyuàn de tóngxué.

※ "准备"は助動詞的用法の他に動詞、名詞としても用いられる。これと同じ意味で "预备 yùbèi" も使われるが、これは動詞的用法しかなく、名詞としては用いられない。

(3) "正"：ちょうど、まさに

> 本文 …，正 是 暑假 期间。　…、ちょうど夏休みの期間である。
> 　　　…，zhèng shì shǔjià qījiān.

　　我 来 日本 的 时候，正 是 樱花 盛开 的 季节。　　盛开：満開である
　　Wǒ lái Rìběn de shíhou, zhèng shì yīnghuā shèngkāi de jìjié.

(4) "但是"：しかし、～けれども（逆説を表す）　="可是 kěshì、但 dàn"

> 本文 但是 台风 一 登 陆，交通 就 会 受 阻，去 旅游、回 家乡 的 计划
> 　　　Dànshì táifēng yì dēng lù, jiāotōng jiù huì shòu zǔ, qù lǚyóu, huí jiāxiāng de jìhuà
> 　　不 能 顺利 实现。　しかし台風が一たび上陸すると、交通が妨げられてしまい、
> 　　bù néng shùnlì shíxiàn.　旅行や帰郷の計画はスムーズに実行できなくなる。

　　我 是 在 南方 长大 的，但是 不 怕 冷。　　长大：成長する／怕：恐れる
　　Wǒ shì zài nánfāng zhǎngdà de, dànshì bú pà lěng.

※ "虽然（尽管）～但是～"

　　他 虽然 年纪 小，但是 很 懂事。　　懂事：ものが分かる、分別がある
　　Tā suīrán niánjì xiǎo, dànshì hěn dǒngshì.

(5) "一～就～"：～するとすぐ、～すると必ず

> 本文 但是 台风 一 登 陆，交通 就 会 受 阻，…　しかし台風が一たび上陸すると、
> 　　　Dànshì táifēng yì dēng lù, jiāotōng jiù huì shòu zǔ, …　交通が妨げられてしまい、…

　　这 首 歌 我 一 听 就 喜欢。
　　Zhè shǒu gē wǒ yì tīng jiù xǐhuan.

ワンポイントレッスン

爱子：今年暑假你准备去哪儿?
　　　Àizǐ　Jīnnián shǔjià nǐ zhǔnbèi qù nǎr?

小李：我想去冲绳看看。
　　　XiǎoLǐ　Wǒ xiǎng qù Chōngshéng kànkan.

爱子：好啊!冲绳是个好地方。
　　　Hǎo a! Chōngshéng shì ge hǎo dìfang.

小李：但愿那时台风别登陆。
　　　Dàn yuàn nàshí táifēng bié dēng lù.

練習問題

(1) 正しい語順に並べ替えなさい。

① 为了 晒 出门 帽子 时 防 、、戴 带 等 阳伞 要 。

② 七、八 月份 地区 菲律宾 席卷 日本 因为 台风 从 。

③ 近日 气温 关东 到 五 上升 六 度 ，最高 地区 达到 三十五 气温 度 。

④ 都 假期 在 国内 或 旅游 国外 准备 利用 大家 。

⑤ 夏天 ，了 我们 天气预报 收看 注意 到 特别 。

(2) 次の（　）の中にあてはまる語を入れなさい。

① 我们每天（　　）早上六点（　　）十点打工。
② 这首歌我（　　）听（　　）喜欢。
③ 我是在南方长大的,（　　）不怕冷。
④ 我刚（　　）学校回来。
⑤ 昨天我们本来（　　）去看住院的同学。

(3) 次の拼音を漢字に直しなさい。

① Táifēng dàolái shí, zhèng shì shǔjià qījiān.

② Míngtiān shì qíng zhuǎn duō yún, bàngwǎn yǒu léizhènyǔ.

第9课　谈 季节　★季節を語る★

Tán　jìjié

　　人们对季节的喜好各不相同，有喜欢夏季的，有喜欢冬季的，也有喜欢春天和秋天的。我有几个朋友一块儿谈各自喜好的季节，我说："我喜欢春天，因为春天是万物复苏的季节，也是一年的开始。中国有句谚语说，一年之计在于春。"一个朋友说："我喜欢冬天，大雪纷飞，大地一片洁白，美极了。"另一个朋友说："还是秋天好，秋天是果实成熟的季节。"还有一个朋友说："我最爱游泳，所以喜欢夏天。"我们四个人的爱好虽然不同，但是都对大自然充满了爱。

新出単語

人们 rénmen	名 人々、人たち	
对 duì	前置 〜について、〜にとって	
喜好 xǐhào	動 好む、愛好する	
相同 xiāngtóng	形 同じである、共通している	
夏季 xiàjì	名 夏季、夏　＝"夏天"	
一块儿 yíkuàir	副 一緒に　＝"一起"	
谈 tán	動 語る、話し合う	
各自 gèzì	代 各自、各々、それぞれ	
万物 wànwù	名 万物	
复苏 fùsū	動 よみがえる、蘇生する	
句 jù	量 言、句（言葉や文を数える）	
谚语 yànyǔ	名 ことわざ	
在于 zàiyú	動 〜にある、〜による	
纷飞 fēnfēi	動 （雪や花などが）しきりに乱れ飛ぶ	

片 piàn	量 広い範囲の地面や水面などを数える〈一〜草地：一面の草原〉
洁白 jiébái	形 真っ白い
另 lìng	代 別の、ほかの
还是 háishì	副 やはり、相変わらず
果实 guǒshí	名 果実
成熟 chéngshú	動 実る、熟する
游泳 yóuyǒng	動 泳ぐ
爱好 àihào	名 趣味、趣味のあること　動 愛好する、愛する
虽然 suīrán	接 〜ではあるが〈〜但是〜〉
充满 chōngmǎn	動 満ちる、充満する

(本文ピンイン)

　　　Rénmen duì jìjié de xǐhào gè bù xiāngtóng, yǒu xǐhuan xiàjì de, yǒu xǐhuan dōngjì de, yě yǒu xǐhuan chūntiān hé qiūtiān de. Wǒ yǒu jǐ ge péngyou yíkuàir tán gèzì xǐhào de jìjié, wǒ shuō: "Wǒ xǐhuan chūntiān, yīnwèi chūntiān shì wànwù fùsū de jìjié, yě shì yì nián de kāishǐ. Zhōngguó yǒu jù yànyǔ shuō, yì nián zhī jì zàiyú chūn." Yí ge péngyou shuō: "Wǒ xǐhuan dōngtiān, dàxuě fēnfēi, dàdì yí piàn jiébái, měi jíle." Lìng yí ge péngyou shuō: "Háishì qiūtiān hǎo, qiūtiān shì guǒshí chéngshú de jìjié." Hái yǒu yí ge péngyou shuō: "Wǒ zuì ài yóuyǒng, suǒyǐ xǐhuan xiàtiān." Wǒmen sì ge rén de àihào suīrán bù tóng, dànshì dōu duì dàzìrán chōngmǎn le ài.

文法のポイント

(1) "对"：〜について、〜にとって（問題となる事項を示す）

本文 人们 对 季节 的 喜好 各 不 相同, …　　人々の季節に対する好みはそれぞれ
　　　Rénmen duì jìjié de xǐhào gè bù xiāngtóng, …　　異なり、…

　　大家 对 这 件 事 都 没 有 兴趣。　　　　　　兴趣：興味、関心
　　Dàjiā duì zhè jiàn shì dōu méi yǒu xìngqù.

※ "对于 duìyú" と "对" について
　"对于" は原則的に "对" に言い替えができるが "对" は "对于" に言い替えられないことがある。

　○ 大家 都 对 这 个 问题 很 感 兴趣。
　　　Dàjiā dōu duì zhè ge wèntí hěn gǎn xìngqù.

　× 大家 都 对于 这 个 问题 很 感 兴趣。
　　　Dàjiā dōu duìyú zhè ge wèntí hěn gǎn xìngqù.

(2) "在于"：〜にある、〜のためである（原因・目的・本質）

本文 "…, 一 年 之 计 在于 春。"　　…、一年の計は春にある。
　　　"…, yì nián zhī jì zàiyú chūn."

　　他 失败 的 原因 就 在于 此。
　　Tā shībài de yuányīn jiù zàiyú cǐ.

(3) "〜极了"：（程度が高いことを表す）

本文 "我 喜欢 冬天, 大雪 纷飞, 大地 一 片 洁白, 美 极了。"
　　　"Wǒ xǐhuan dōngtiān, dàxuě fēnfēi, dàdì yí piàn jiébái, měi jíle."
　　　「私は冬が好きだ。雪がふわふわ舞い落ち、大地は一面まっ白になる。本当にきれいだ。」

　　今天 的 清汤 味道 好 极了。　　　清汤：コンソメスープ、具の入っていないスープ
　　Jīntiān de qīngtāng wèidao hǎo jíle.

(4) "还是"：やはり（比較や選択をし、よりよい方を示す）

> 本文 另 一 个 朋友 说："还是 秋天 好，秋天 是 果实 成熟 的 季节。"
> Lìng yí ge péngyou shuō: "Háishì qiūtiān hǎo, qiūtiān shì guǒshí chéngshú de jìjié."
> もう一人の友人は「やはり秋がいい、秋は果物が熟れる季節だから。」と言った。

我 看 还是 去 北海 公园 吧，长城 太 远。
Wǒ kàn háishì qù Běihǎi gōngyuán ba, Chángchéng tài yuǎn.

※ "还是"には接続詞的用法もあり、よく"(是)～还是～"「～かそれとも～か」の形で用いられる。

你（是）明天 去，还是 后天 去?
Nǐ (shì) míngtiān qù, háishì hòutiān qù?

(5) "虽然～但是～"：～だけれどもしかし～（＝"虽然～可是～"）

> 本文 我们 四 个 人 的 爱好 虽然 不同，但是 都 对 大自然 充满 了 爱。
> Wǒmen sì ge rén de àihào suīrán bù tóng, dànshì dōu duì dàzìrán chōngmǎn le ài.
> 我々4人の趣味は違うが、しかし大自然に対してだけは深い愛情をもっている。

她 虽然 肚子 不 疼 了，但是 病 还 没 好。
Tā suīrán dùzi bù téng le, dànshì bìng hái méi hǎo.

ワンポイントレッスン

爱子：你喜爱什么季节?
　　　Àizǐ　　Nǐ xǐ'ài shénme jìjié?

小李：我喜欢冬天。雪景美极了。
　　　XiǎoLǐ　Wǒ xǐhuan dōngtiān. Xuějǐng měi jíle.

爱子：北京冬天常下雪吗?
　　　Běijīng dōngtiān cháng xià xuě ma?

小李：很少,一冬天只有几次下雪。
　　　Hěn shǎo, yì dōngtiān zhǐ yǒu jǐ cì xià xuě.

練習問題

(1) 正しい語順に並べ替えなさい。

① 我 谈 各自 季节 的 个 有 几 一块儿 喜好 朋友 。

② 还是 , 好 秋天 是 果实 季节 的 秋天 成熟 。

③ 人们 喜好 相同 不 各 对 季节 的 。

④ 四 人 的 爱好 不同 我们 个 , 但是 大自然 对 爱 了 都 充满 虽然 。

⑤ 中国 说 : " 计 在于 春 之 一年 " 句 有 谚语 。

(2) 次の ( ) の中にあてはまる語を入れなさい。

① 她（　　）肚子不疼了,（　　）病还没好。
② 今天的清汤味道好（　　）。
③ 他失败的原因就（　　）此。
④ 大家（　　）这件事都没有兴趣。
⑤ 我看（　　）去北海公园吧,长城太远。

(3) 次の拼音を漢字に直しなさい。

① Wǒ zuì ài yóuyǒng, suǒyǐ xǐhuan xiàtiān.
② Yǒu xǐhuan xiàjì de, yǒu xǐhuan dōngjì de, yě yǒu xǐhuan chūntiān hé qiūtiān de.

北京の果物

　北京の市場やスーパーは季節ごとに旬の果物で賑わう。春の主役はやはりイチゴ[1]だろう。夏は西瓜[2]、桃[3]、スモモ[4]、ハミウリ[5]等、多種多様である。秋も梨[6]やリンゴ[7]、栗[8]、なつめ[9]等が、ここぞとばかりに存在を主張する。常に活気あふれる売り場風景だが、夏の果物コーナーは特に華やかだ。遠方から運ばれて来るバナナ[10]、パパイヤ[11]、マンゴー[12]、ドラゴンフルーツ[13]、龍眼[14]等も、地場の産物と競い合うように並べられ、百花繚乱状態である。目抜き通りの"王府井　Wángfǔjǐng"あたりでは、ドリアン[15]を売る果物店も今では珍しくない。しかし圧倒的な存在感を示す夏の果物と言えば、やはり西瓜ということになりそうだ。独特の季節感をアピールして根強い人気を誇る西瓜は、種類が多くて大きさも様々である。

　以前は北京の市街でも、西瓜を路上で売る光景がそこかしこで見られた。山盛りの西瓜を積んで郊外から引いてきた荷車を適当な場所で止めると、たちまち青空市場の開店である。大学の周囲でも学生や職員をターゲットにした路上店が開かれ、朝には山積みだった西瓜が夕方には売切れとなる。しかし、こんな風景も最近ではほとんど目にすることがなくなった。

　経済成長に伴う輸送手段と流通方式の飛躍的な発展は、食文化に革命的な変化をもたらしている。そして便利で豊かな世の中になると、素朴な生活習慣は一つずつ消えて行く運命にある。以前の北京を知る者にとっては、一抹の寂しさを覚える時代の流れである。

なつめを売る男性

柿やりんごが並ぶ売り台

関連語句

1	草莓	cǎoméi		9	枣儿	zǎor
2	西瓜	xīguā		10	香蕉	xiāngjiāo
3	桃	táo		11	木瓜	mùguā
4	李子	lǐzi		12	芒果	mángguǒ
5	哈密瓜	hāmìguā		13	火龙果	huǒlóngguǒ
6	梨	lí		14	龙眼	lóngyǎn
7	苹果	píngguǒ		15	榴莲	liúlián
8	栗子	lìzi				

第10课 日本的茶文化 ★日本の茶文化★

　　日本的遣唐使把中国的茶和茶文化带回了岛国，至今日本人依然有喝茶的习惯。茶文化在日本得到了极大的发展，日本人创造出了自己的茶道，把采茶、制茶、饮茶和品茶作为一种高雅的享受、一种艺术上的追求，从中体会到无穷的韵味。

　　日本的茶圣千利休，在继承前人茶道的基础上，总结出日本茶道所应该达到的境界，即和、敬、清、寂，可以说是把茶艺发挥到了极致，与此同时也真正把茶提升到了文化的高度。

新出単語

中文	ピンイン	品詞	意味
遣唐使	Qiǎntángshǐ	名	遣唐使
把	bǎ	前置	～を（～する）
至今	zhìjīn	副	いまだに、いまでも
依然	yīrán	副	依然として、相変わらず
习惯	xíguàn	名	習慣
		動	慣れる、習慣となる
得到	dédào	動	手に入る、獲得する
极	jí	副	この上なく、きわめて
创造	chuàngzào	動	創造する、新しく創り出す
采茶	cǎi chá	動	茶を摘む
制茶	zhì chá	動	茶を製造する
饮茶	yǐn chá	動	茶を飲む
		方	茶を飲みながら点心を食べること
品茶	pǐn chá	動	茶の味をみる
作为	zuòwéi	動	～とする、～と見なす
高雅	gāoyǎ	形	上品である、優美である
艺术	yìshù	名	芸術
追求	zhuīqiú	動	追求する、探し求める
		名	追求
体会	tǐhuì	動	体得する 名 体得
无穷	wúqióng	形	限りがない、きりがない
韵味	yùnwèi	名	味わい、情緒
茶圣	cháshèng	名	茶聖
千利休	Qiān Lìxiū	名	千利休（1522～1591年）
继承	jìchéng	動	引き継ぐ
基础	jīchǔ	名	基礎、基本
总结	zǒngjié	動	総括する、締めくくる
应该	yīnggāi	助動	～すべきである、～であるべきだ
境界	jìngjiè	名	境界、域
即	jí	動	（書）すなわち～である
和 hé 敬 jìng 清 qīng 寂 jì			わび茶の精神（平等の中にも敬うという意が含まれる）をいう。
极致	jízhì	名	極地
与此同时	yǔ cǐ tóng shí		これと同時に
真正	zhēnzhèng	副	ほんとうに、真に
提升	tíshēng	動	職位や等級を上げる

(本文ピンイン)
　　　Rìběn de Qiǎntángshǐ bǎ Zhōngguó de chá hé cháwénhuà dàihuíle dǎoguó, zhìjīn Rìběnrén yīrán yǒu hē chá de xíguàn. Cháwénhuà zài Rìběn dédào le jí dà de fāzhǎn, Rìběnrén chuàngzào chū le zìjǐ de chádào, bǎ cǎi chá、zhì chá、yǐn chá hé pǐn chá zuòwéi yì zhǒng gāoyǎ de xiǎngshòu、yì zhǒng yìshù shang de zhuīqiú, cóng zhōng tǐhuì dào wúqióng de yùnwèi.
　　　Rìběn de cháshèng Qiān Lìxiū, zài jìchéng qiánrén chádào de jīchǔ shang, zǒngjié chū Rìběn chádào suǒ yīnggāi dádào de jìngjiè, jí hé、jìng、qīng、jì, kěyǐ shuō shì bǎ cháyì fāhuī dào le jízhì, yǔ cǐ tóng shí yě zhēnzhèng bǎ chá tíshēng dào le wénhuà de gāodù.

文法のポイント

(1) "把"構文：〜を〜する

主語＋"把"＋目的語＋動詞＋他の要素

本文 日本 的 遣唐使 **把** 中国 的 茶 和 茶文化 带回了 岛国，…
　　　Rìběn de Qiǎntángshǐ bǎ Zhōngguó de chá hé cháwénhuà dàihuíle dǎoguó, …
　　　　　　　　　　日本の遣唐使は中国の茶や茶の文化を島国へ持ち帰った、…

弟弟 **把** 我 的 相机 拿走 了。　　　　　　　　　　　相机：カメラ
Dìdi bǎ wǒ de xiàngjī názǒu le.

※否定は"把"の前に否定詞"没（有）"をつける。

我们 还 **没 把** 作业 交给 老师。
Wǒmen hái méi bǎ zuòyè jiāogěi lǎoshī.

(2) "作为"：〜とする、〜と見なす

本文 …，把 采 茶、制 茶、饮 茶 和 品 茶 **作为** 一 种 高雅 的 享受，…
　　　…，bǎ cǎi chá、zhì chá、yǐn chá hé pǐn chá zuòwéi yì zhǒng gāoyǎ de xiǎngshòu、…
　　　　　　…、茶摘み、茶の製造、茶の飲み方および茶の賞味を一種高尚な楽しみとし、…

※作为は通常"把"構文に現われ、後方には目的語を伴う。

他 **把** 看 小说 **作为** 一 种 休息。
Tā bǎ kàn xiǎoshuō zuòwéi yì zhǒng xiūxi.

(3) "在~上"：~（の面）で、（~の範囲）に

> **本文** …，在 继承 前人 茶道 的 基础 上，… …、先人から継承した茶道の
> …, zài jìchéng qiánrén chádào de jīchǔ shang, … 基礎に、…

他 在 学习 上 取得了 很 好 的 成绩。　　　取得：取得する
Tā zài xuéxí shang qǔdéle hěn hǎo de chéngjì.

(4) "应该"：~でなければならない、~べきである（道理・人情に則り）

> **本文** …，总结 出 日本 茶道 所 应该 达到 的 境界，…
> …, zǒngjié chū Rìběn chádào suǒ yīnggāi dádào de jìngjiè, …
> 　　　　　　　　　　　　　…、日本の茶道が達成すべき境地を総括し、…

自己 应该 做 的 事 自己 做 才 行。　　　行：よろしい、よいと思う
Zìjǐ yīnggāi zuò de shì zìjǐ zuò cái xíng.

※ "应该"には「~のはずだ」（状況から判断して）という用法もある

他们 是 今天 一大早 动身 的，应该 到 了 目的地。　　一大早：早朝
Tāmen shì jīntiān yídàzǎo dòngshēn de, yīnggāi dào le mùdìdì.　动身：出発する

(5) "与此同时"：これと同時に

> **本文** …，与 此 同 时 也 真正 把 茶 提升 到 了 文化 的 高度。
> …, yǔ cǐ tóng shí yě zhēnzhèng bǎ chá tíshēng dào le wénhuà de gāodù.
> 　　　　　　　　　　…、これと同時に茶を真に文化的レベルの高いものへと押し上げた。

她 是 校长，与 此 同 时 又 是 理事长。　　校长：学長、総長（大学）
Tā shì xiàozhǎng, yǔ cǐ tóng shí yòu shì lǐshìzhǎng.　校長（小・中・高）

ワンポイントレッスン

爱子：你对日本的茶道有什么感想？
　Àizǐ　　Nǐ duì Rìběn de chádào yǒu shénme gǎnxiǎng?

小李：刚开始学习的时候，感到有点儿复杂。
XiǎoLǐ　Gāng kāishǐ xuéxí de shíhou, gǎndao yǒu diǎnr fùzá.

爱子：现在呢？
　　　　Xiànzài ne?

小李：越来越感兴趣了。我一定要把茶道学好。
　　　Yuèláiyuè gǎn xìngqù le. Wǒ yídìng yào bǎ chádào xuéhǎo.

練習問題

(1) 正しい語順に並べ替えなさい。

① 制茶 把 、饮茶 、采茶 作为 高雅 的 享受 一种 和 品茶 。

② 即 、发挥 和 寂 ，敬 、清 可以说 、把 茶艺 极致 了 是 到 。

③ 遣唐使 了 岛国 和 茶 茶文化 把 日本 ，带回 的 至今 依然 中国 习惯 的 有 日本人 的 喝茶 。

④ 把 提升 了 到 茶 高度 与此同时 真正 的 也 文化 。

⑤ 茶圣 ，的 日本 千利休 前人 的 基础上 ，在 继承 日本 所 茶道 应该 总结出 的 境界 达到 茶道 。

(2) 次の（　）の中にあてはまる語を入れなさい。

① 他把看小说（　　　）一种休息。
② 我们还没（　　　）作业交给老师。
③ 他（　　　）学习（　　　）取得了很好的成绩。
④ 弟弟（　　　）我的相机拿走了。
⑤ 她是校长，（　　　）又是理事长。

(3) 次の拼音を漢字に直しなさい。

① Cháwénhuà zài Rìběn dédào le jí dà de fāzhǎn.
② Rìběnrén chuàngzào chū le zìjǐ de chádào.

第11课　买东西 ★買　物★
Mǎi dōngxi

　　现在，在日本有二十四小时营业的便利店。商品的种类虽然有限，而且也并不特别便宜，但是因为有随时可以进去买东西的方便性，所以很受大家的欢迎。要是考虑到种类的丰富，价格的便宜，生鲜食品的鲜度，那还是到市场去购买比较好。

　　市场上虽然人声嘈杂，热闹的气氛却充满了活力。但是它和百货商店、超市、便利店的井然有序形成了鲜明对照。可是喜欢这种气氛的人并不在少数。在东京闻名全国的市场是筑地的海鲜市场和上野的雅美小巷。这些市场不仅有购物者，而且还有大批专程来观光的游客。

新出单语

中文	ピンイン	日本語
营业	yíngyè	動営業する
便利店	biànlìdiàn	名コンビニエンスストア
种类	zhǒnglèi	名種類
而且	érqiě	接かつ、しかも、さらに
并	bìng	副決して〜（否定の語気を強める時に多く用いられる）
随时	suíshí	副好きなとき、いつでも、随時
可以	kěyǐ	助動〜できる（可能を表す）
受	shòu	動受ける〈很〜大家的欢迎：みんなから大歓迎を受ける〉
要是	yàoshi	接もしも、もし〜なら（仮定を表す）
考虑	kǎolǜ	動考慮する、考える
丰富	fēngfù	形豊富である
价格	jiàgé	名価格、値段
便宜	piányi	形値段が安い⇔"贵 guì"
生鲜	shēngxiān	形新鮮である
鲜度	xiāndù	名鮮度
市场	shìchǎng	名市場
购买	gòumǎi	動買い入れる、購入する
嘈杂	cáozá	形やかましい、騒々しい〈人声〜：人声が騒々しい〉
却	què	副〜なのに、〜だが〈虽然〜却〉
活力	huólì	名活力
百货商店	bǎihuò shāngdiàn	名デパート
超市	chāoshì	名スーパーマーケット　"超级市场"の略
井然	jǐngrán	形整然としている〈〜有序〉（きちんと整理されている）
雅美小巷	Yǎměixiǎoxiàng	名アメヤ横丁
不仅	bùjǐn	接〜のみならず、〜だけでなく〈不仅〜而且〜〉
购物者	gòuwùzhě	名買物客
大批	dàpī	形大口の、多数の
专程	zhuānchéng	副わざわざ、とくに
观光	guānguāng	動観光する、見学する
游客	yóukè	名観光客

(本文ピンイン)

　　　Xiànzài, zài Rìběn yǒu èrshisì xiǎoshí yíngyè de biànlìdiàn. Shāngpǐn de zhǒnglèi suīrán yǒu xiàn, érqiě yě bìng bú tèbié piányi, dànshì yīnwèi yǒu suíshí kěyǐ jìnqu mǎi dōngxi de fāngbiànxìng, suǒyǐ hěn shòu dàjiā de huānyíng. Yàoshi kǎolǜdào zhǒnglèi de fēngfù, jiàgé de piányi, shēngxiān shípǐn de xiāndù, nà háishì dào shìchǎng qù gòumǎi bǐjiào hǎo.

　　　Shìchǎng shang suīrán rénshēng cáozá, rènao de qìfēn què chōngmǎn le huólì. Dànshì tā hé bǎihuò shāngdiàn、chāoshì、biànlìdiàn de jǐngrányǒuxù xíngchéng le xiānmíng duìzhào. Kěshì xǐhuan zhè zhǒng qìfēn de rén bìng bú zài shǎoshù. Zài Dōngjīng wénmíng quánguó de shìchǎng shì Zhùdì de hǎixiānshìchǎng hé Shàngyě de Yǎměixiǎoxiàng. Zhè xiē shìchǎng bùjǐn yǒu gòuwùzhě, érqiě hái yǒu dàpī zhuānchéng lái guānguāng de yóukè.

文法のポイント

(1) "并"：決して～（でない）（"并/不"、"并/未"、"并/无"、"并/非"）

> 本文　商品 的 种类 虽然 有 限，而且 也 **并** 不 特别 便宜，但是…
> Shāngpǐn de zhǒnglèi suīrán yǒu xiàn, érqiě yě bìng bú tèbié piányi, dànshì…
> 　　　　　　　　　　　　　　商品の種類には限度がありその上価格も決して特別安くはないが…

> 本文　可是 喜欢 这 种 气氛 的 人 **并** 不 在 少数。
> Kěshì xǐhuan zhè zhǒng qìfēn de rén bìng bú zài shǎoshù.
> 　　　　　　　　　　　　　　ところがこの種の雰囲気が好きな人は決して少数ではない。

他们 **并** 不 是 很 好 的 朋友。
Tāmen bìng bú shì hěn hǎo de péngyou.

(2) "可以"：～できる（可能を表す）、～してもよい（許可を表す）

> 本文　…因为 有 随时 **可以** 进去 买 东西 的 方便性，所以 很 受 大家 的 欢迎。
> …yīnwèi yǒu suíshí kěyǐ jìnqu mǎi dōngxi de fāngbiànxìng, suǒyǐ hěn shòu dàjiā de huānyíng.
> 　　　　　　　…いつでも入って買物ができる便利さがあるので、みんなから歓迎されている。

他 一 天 **可以** 打 一 万 字。（可能）
Tā yì tiān kěyǐ dǎ yí wàn zì.

这儿 **可以** 吸 烟。（許可）
Zhèr kěyǐ xī yān.

※否定は"不能"

我 **不 能** 骑 自行车。
Wǒ bù néng qí zìxíngchē.

(3) "要是～就～"：もしも～ならば（＝"如果/假如/假使"）

後に"就""那么""那"を伴うことが多い。仮定を表す。

> [本文] 要是 考虑到 种类 的 丰富，价格 的 便宜，生鲜 食品 的 鲜度，…
> Yàoshi kǎolǜdào zhǒnglèi de fēngfù, jiàgé de piányi, shēngxiān shípǐn de xiāndù, …
>
> もしも種類の豊富さ、安さ、生鮮食品の鮮度を考えるのなら、…

要是 你 不 会 中文，就 不 能 了解 中国。　　　　　了解：知る、理解する
Yàoshi nǐ bú huì Zhōngwén, jiù bù néng liǎojiě Zhōngguó.

(4) "～比较好"：～の方がよい

> [本文] …，那 还是 到 市场 去 购买 比较 好。　…、やはり市場へ行って
> …, nà háishì dào shìchǎng qù gòumǎi bǐjiào hǎo.　買った方がよい。

你 是 他 的 同事，你 去 请 他 来 比较 好。　　　　　同事：同僚
Nǐ shì tā de tóngshì, nǐ qù qǐng tā lái bǐjiào hǎo.

(5) "不仅～而且～"：～ばかりでなく、その上

> [本文] 这些 市场 不仅 有 购物者，而且 还有 大批 专程 来 观光 的 游客。
> Zhè xiē shìchǎng bùjǐn yǒu gòuwùzhě, érqiě hái yǒu dàpī zhuānchéng lái guānguāng de yóukè.
>
> これらの市場には買物客ばかりでなく、その上大勢の観光客もわざわざやってくる。

那 家 公司 的 商品 不仅 价格 便宜，而且 质量 良好。
Nà jiā gōngsī de shāngpǐn bùjǐn jiàgé piányi, érqiě zhìliàng liánghǎo.

ワンポイントレッスン

愛子：你去过上野的雅美小巷吗？
　Àizǐ　　Nǐ qùguo Shàngyě de Yǎměixiǎoxiàng ma?

小李：去年年末我陪着中国朋友去买东西了。
　XiǎoLǐ　Qùnián niánmò wǒ péizhe Zhōngguó péngyou qù mǎi dōngxi le.

愛子：那儿卖的东西怎么样？
　　　　Nàr mài de dōngxi zěnmeyàng?

小李：东西不仅丰富,而且价格也很便宜。
　　　　Dōngxi bùjǐn fēngfù, érqiě jiàgé yě hěn piányi.

練習問題

(1) 正しい語順に並べ替えなさい。

① 市场 不仅 而且 有 这些 购物者 大批 的 有 游客 专程 观光 , 来 还 。

② 而且 , 商品 有 限 的 种类 虽然 并 不 特别 也 便宜 。

③ 人声 虽然 嘈杂 市场 上 , 的 气氛 活力 了 充满 却 热闹 。

④ 形成 它 商店 和 鲜明 但是 、 超市 、 的 百货 井然有序 对照 了 便利店 。

⑤ 的 海鲜市场 闻名 的 市场 是 全国 筑地 和 雅美小巷 的 上野 东京 在 。

(2) 次の（ ）の中にあてはまる語を入れなさい。

① 你是他的同事，你去请他来（　　　　）。
② （　　　）你不会中文,（　　　）不能了解中国。
③ 他一天（　　　）打一万字。
④ 他们（　　　）是很好的朋友。
⑤ 那家公司的商品（　　　）价格便宜,（　　　）质量良好。

(3) 次の拼音を漢字に直しなさい。

① Biànlìdiàn yīnwèi yǒu suíshí kěyǐ jìnqu mǎi dōngxi de fāngbiànxìng, suǒyǐ hěn shòu dàjiā de huānyíng.

② Zài Rìběn yǒu èrshisì xiǎoshí yíngyè de biànlìdiàn.

第12课　谈 爱好　★趣味について語る★

相扑是日本的国技，在世界上很有名。我们所说的"大相扑"是指由日本相扑协会举办的相扑大赛，是职业相扑比赛。一年中有六次，每次进行十五天。除了东京两国的国技馆外，还在大阪、名古屋、福冈等大城市举办。

"大相扑"的历史悠久，江户时代就有"力士"（相扑运动员）这一职业了。在日本除了"大相扑"外，还有非职业的相扑运动员。从小就开始练相扑的小朋友也不少。我是个相扑迷，在比赛期间，每天都看电视转播，声援自己喜欢的"力士"。

新出単語

相扑 xiāngpū	名	相撲
国技 guójì	名	国技〈国技馆：国技館〉
指 zhǐ	動	指す、意味する
由 yóu	前置	～により
举办 jǔbàn	動	開催する、挙行する
职业 zhíyè	名	プロ⇔"业余"（アマ）
比赛 bǐsài	名	試合　動 試合をする、競う
次 cì	量	回、度〈六次：六回〉
城市 chéngshì	名	都会
悠久 yōujiǔ	形	はるか昔である〈历史～：歴史がはるかに長い〉
江户时代 Jiānghù shídài		徳川氏が政権をにぎっていた時代（1603～1867）
就 jiù	副	つまり、まさしく（肯定を強調する）
力士 lìshì	名	関取のこと
运动员 yùndòngyuán	名	スポーツマン
小 xiǎo	名	子ども、幼い者
练 liàn	動	訓練する、稽古をする
小朋友 xiǎopéngyou	名	子ども、子供たち
迷 mí	名	ファン、マニア〈相扑～：相撲ファン〉
都 dōu	副	すべて、～さえ（程度が甚だしいことを表す）
转播 zhuǎnbō	動	中継放送する
声援 shēngyuán	動	声援する

(本文ピンイン)

　　Xiāngpū shì Rìběn de guójì, zài shìjiè shang hěn yǒumíng. Wǒmen suǒ shuō de "Dàxiāngpū" shì zhǐ yóu Rìběn xiāngpū xiéhuì jǔbàn de xiāngpū dàsài, shì zhíyè xiāngpū bǐsài. Yì nián zhōng yǒu liù cì, měi cì jìnxíng shíwǔ tiān. Chúle Dōngjīng Liǎngguó de Guójìguǎn wài, hái zài Dàbǎn、Mínggǔwū、Fúgāng děng dà chéngshì jǔbàn.

　　"Dàxiāngpū" de lìshǐ yōujiǔ, Jiānghù shídài jiù yǒu "Lìshì" (xiāngpū yùndòngyuán) zhè yī zhíyè le. Zài Rìběn chúle "Dàxiāngpū" wài, hái yǒu fēizhíyè de xiāngpū yùndòngyuán. Cóng xiǎo jiù kāishǐ liàn xiāngpū de xiǎopéngyou yě bù shǎo. Wǒ shì ge xiāngpū mí, zài bǐsài qījiān, měitiān dōu kàn diànshì zhuǎnbō, shēngyuán zìjǐ xǐhuan de "Lìshì".

文法のポイント

(1) "由"：～から（～する）、～が（～する）、～によって（～する）

> **本文** 我们 所 说 的 "大相扑" 是 指 **由** 日本 相扑 协会 举办 的 相扑
> Wǒmen suǒ shuō de "Dàxiāngpū" shì zhǐ yóu Rìběn xiāngpū xiéhuì jǔbàn de xiāngpū
> 大赛，是 职业 相扑 比赛。　我々が言う「大相撲」とは日本相撲協会によって開催
> dàsài, shì zhíyè xiāngpū bǐsài.　される相撲大会を指しており、プロの相撲大会である。

今天 的 汉语 课 **由** 唐 老师 代 课。　　　　　　代课：代講する（授業を）
Jīntiān de Hànyǔ kè yóu Táng lǎoshī dài kè.

(2) "除了～外"：～を除いて、～以外は（="除了～以外／除了～之外"）

> **本文** **除了** 东京 两国 的 国技馆 **外**, 还 在 大阪、名古屋、福冈 等 大
> Chúle Dōngjīng Liǎngguó de Guójìguǎn wài, hái zài Dàbǎn、Mínggǔwū、Fúgāng děng dà
> 城市 举办。　東京両国の国技館の外に大阪、名古屋、福岡等の大都市でも開催する。
> chéngshì jǔbàn.

你 **除了** 上海 **以外**, 还 去过 什么 地方?
Nǐ chúle Shànghǎi yǐwài, hái qùguo shénme dìfang?

(3) "从～就开始（起）"：～から始める

> **本文** **从** 小 **就 开始** 练 相扑 的 小朋友 也 不 少。
> Cóng xiǎo jiù kāishǐ liàn xiāngpū de xiǎopéngyou yě bù shǎo.
> 　　　　　　　　　　　　　幼い頃から相撲の稽古を始める子どもたちも多い。

我们 **从** 小学 三 年级 **就 开始** 学 日语。
Wǒmen cóng xiǎoxué sān niánjí jiù kāishǐ xué Rìyǔ.

(4) "都"：～でさえ（強調）、～も（"无论／不管／连"などと呼応して用いる）

> 本文 …，在 比赛 期间，每天 **都** 看 电视 转播，声援 自己 喜欢 的 "力士"。
> …, zài bǐsài qījiān, měitiān dōu kàn diànshì zhuǎnbō, shēngyuán zìjǐ xǐhuan de "Lìshì".
> …、場所中、毎日テレビを見て自分の好きな「力士」に声援をおくる。

这 件 事 连 我 **都** 不 知道。
Zhè jiàn shì lián wǒ dōu bù zhīdào.

※ "都"の用法には「みな、すべて」の他に「もう、すでに」の用法がある。通常 "了" を伴う。

我 **都** 六十 了。
Wǒ dōu liùshí le.

(5) "就"：まさに、まさしく（肯定を強調）

> 本文 "大相扑" 的 历史 悠久，江户 时代 **就** 有 "力士" 这 一 职业 了。
> "Dàxiāngpū" de lìshǐ yōujiǔ, Jiānghù shídài jiù yǒu "Lìshì" zhè yī zhíyè le.
> 「大相撲」の歴史ははるか長く、江戸時代にはまさに「力士」という職業があった。

李 老师 家 **就** 在 这儿。
Lǐ lǎoshī jiā jiù zài zhèr.

ワンポイントレッスン

爱子：我特别喜欢相扑。
　　　Àizǐ　Wǒ tèbié xǐhuan xiāngpū.

小李：你喜欢的是职业相扑还是大学生相扑？
　　　XiǎoLǐ　Nǐ xǐhuan de shì zhíyè xiāngpū háishì dàxuéshēng xiāngpū?

爱子：我都喜欢，你呢？
　　　Wǒ dōu xǐhuan, nǐ ne?

小李：我比较喜欢大学生相扑。
　　　Wǒ bǐjiào xǐhuan dàxuéshēng xiāngpū.

練習問題

(1) 正しい語順に並べ替えなさい。

① "大相扑"，指 我们 的 由 是 日本相扑协会 举办 所说 相扑 的 大赛 比赛 是 职业相扑 。

② 六 次 有 一年 ， 十五天 进行 每 次 中 。

③ 日本 "大相扑" 除了 在 外 ， 非职业 相扑 的 还 运动员 有 。

④ "大相扑" 悠久 ， 江户时代 的 历史 有 职业 "力士" 了 就 这 一 。

⑤ 在 每天 期间 比赛 ， 都 电视 ， 看 自己 声援 "力士" 的 喜欢 转播 。

(2) 次の（　）の中にあてはまる語を入れなさい。

① 我们（　　）小学三年级（　　）学日语。
② 今天的汉语课（　　）唐老师代课。
③ 你（　　）上海以外，还去过什么地方？
④ 李老师家（　　）在这儿。
⑤ 这件事连我（　　）不知道。

(3) 次の拼音を漢字に直しなさい。

① Cóng xiǎo jiù kāishǐ liàn xiāngpū de xiǎopéngyou yě bù shǎo.

② Xiāngpū shì Rìběn de guójì, zài shìjiè shang hěn yǒumíng.

北京の喫茶店

　北京では喫茶店₁ "**咖啡馆 kāfēiguǎn**" が増えている。当初は外国人の多い地域に限定されていたが、今では人が集まる場所ならどこでも見られるようになった。コーヒーの値段は店によって違うが、最低でも20元くらいはするようだ、決して安いとは言えないが、どの店もそれなりに繁盛している。ブラックコーヒー₂ "**黑咖啡 hēikāfēi**"、カフェラテ₃ "**拿铁咖啡 nátiě kāfēi**"、カプチーノ₄ "**卡布奇诺咖啡 kǎbùqínuò kāfēi**"、カフェモカ₅ "**摩卡咖啡 mókǎ kāfēi**"、エスプレッソコーヒー₆ "**浓溶咖啡 nóngróng kāfēi**" 等、注文できるコーヒーの種類も多い。店内の照明や装飾は日本の喫茶店とあまり変わらず、音楽を聞きながら静かに雰囲気を楽しむというお洒落な要素も好まれている。

　コーヒーが一般的に親しまれるようになったのは、中国が経済自由化の時代に突入した1990年ごろからである。その火付け役はインスタントコーヒー₇ "**速溶咖啡 sùróng kāfēi**" だったようだ。文化の香りを具現するような新しい嗜好品の魅力が人々の心を捉え、急速に需要が広がった。

　今では "**咖啡馆**" だけでなく、外来食文化の象徴であるマクドナルド₈ "**麦当劳 Màidāngláo**" やケンタッキーフライドチキン₉ "**肯德基 Kěndéjī**" 等で気軽にコーヒーを飲む若者たちも多い。スターバックス₁₀ "**星巴克 Xīngbākè**" の店舗もあちこちで目につくようになった。日本ではこれらのチェーン店展開が拡大するにつれて、旧来の喫茶店が減少するという傾向も見受けられるが、中国ではこれまでのところ同時並行的な広がりを見せているようだ。

　一方では、長い歴史に裏打ちされた中国の茶文化も、経済状況の好転につれてますます盛んである。コーヒーの人気に押されて影が薄くなるという現象は起こりそうもない。新興のコーヒー文化と父祖伝来の茶文化がたくましく共存する、現代中国の一側面である。

関連語句

1. 咖啡馆　　　　kāfēiguǎn
2. 黑咖啡　　　　hēikāfēi
3. 拿铁咖啡　　　nátiě kāfēi
4. 卡布奇诺咖啡　kǎbùqínuò kāfēi
5. 摩卡咖啡　　　mókǎ kāfēi
6. 浓溶咖啡　　　nóngróng kāfēi
7. 速溶咖啡　　　sùróng kāfēi
8. 麦当劳　　　　Màidāngláo
9. 肯德基　　　　Kěndéjī
10. 星巴克　　　　Xīngbākè

第13课　中国 的 菜名　★中国の料理名★
Zhōngguó de càimíng

　　中国是一个美食大国。中国人总喜欢给普通的饭菜起个美好的、雅致的名称，以引起人们的好奇和食欲，从而满足人们视觉上、味道上、心理上对美的追求。

　　中国人还喜欢用富有历史文化意义的地名、人名作为饭菜的名称，让你在美食的同时还能探求其文化的渊源，如北京烤鸭、扬州炒饭、兰州拉面、山西刀削面、内蒙古手扒羊肉、天津狗不理包子和东坡肉、麻婆豆腐等。传说炖猪肉是宋代文学家苏东坡发明、制作的，是一道具有特殊风味的美食。这道菜被人们称为"东坡肉"。

新出单語

美食 měishí	名 美食
总 zǒng	副 いつも、常に
给 gěi	前置 ～に（～する）
饭菜 fàncài	名 料理
起 qǐ	動〈～名称：名前をつける〉
美好 měihǎo	形 美しい、すばらしい
雅致 yǎzhi	形 美しく品がある
好奇 hàoqí	形 好奇心が強い、もの好きである
从而 cóng'ér	接 それによって、～なので
富有 fùyǒu	動 豊富に持つ、～に富む
作为 zuòwéi	動 ～とする、～と見なす
让 ràng	動 ～させる、～させておく
探求 tànqiú	動 探求する
渊源 yuānyuán	名 源
炒饭 chǎofàn	名 チャーハン
拉面 lāmiàn	名 手打ち麺
刀削面 dāoxiāomiàn	名 包丁で削った麺、"削面"ともいう
手扒羊肉 shǒubāyángròu	名 モンゴルの代表的な肉料理（手でひき裂いて食べる）
东坡肉 dōngpōròu	名 豚の角煮
道 dào	量 品〈三～菜：三品の料理〉
传说 chuánshuō	名 言い伝え 動 言い伝える
具有 jùyǒu	動 ～を備えている
特殊 tèshū	形 特殊である
风味 fēngwèi	名 風味、特色
被 bèi	前置（に）～される、～られる

(本文ピンイン)
　　　Zhōngguó shì yí ge měishí dàguó. Zhōngguórén zǒng xǐhuan gěi pǔtōng de fàncài qǐ ge měihǎo de, yǎzhi de míngchēng, yǐ yǐnqǐ rénmen de hàoqí hé shíyù, cóng'ér mǎnzú rénmen shìjué shang、wèidao shang、xīnlǐ shang duì měi de zhuīqiú.
　　　Zhōngguórén hái xǐhuan yòng fùyǒu lìshǐ wénhuà yìyì de dìmíng、rénmíng zuòwéi fàncài de míngchēng, ràng nǐ zài měishí de tóngshí hái néng tànqiú qí wénhuà de yuānyuán, rú Běijīngkǎoyā、Yángzhōu-chǎofàn、Lánzhōu lāmiàn、Shānxī dāoxiāomiàn、Nèiměnggǔ shǒubāyángròu、Tiānjīn gǒubùlǐbāozi hé dōngpōròu、mápódòufu děng. Chuánshuō dùn zhūròu shì Sòngdài wénxuéjiā Sū Dōngpō fāmíng、zhìzuò de, shì yí dào jùyǒu tèshū fēngwèi de měishí. Zhè dào cài bèi rénmen chēngwéi "dōngpōròu".

文法のポイント

(1) "总"：いつも、いつまでも（接続・反復しても変わらないことを表す）

> 本文　中国人　**总**　喜欢　给　普通　的　饭菜　起　个　美好　的、雅致　的　名称，
> 　　　Zhōngguórén zǒng xǐhuan gěi pǔtōng de fàncài qǐ ge měihǎo de, yǎzhi de míngchēng,
> 　　　以　引起　人们　的　好奇　和　食欲，…　　中国人はいつも普通の料理に素敵で上品な名前
> 　　　yǐ yǐnqǐ rénmen de hàoqí hé shíyù, …　　をつけて、人々の好奇心や食欲をそそらせ、…

　　参加　不　参加　毕业　旅行，他　**总**　在　犹豫　不　决。　　犹豫不决：あれこれ迷って
　　Cānjiā bù cānjiā bìyè lǚxíng, tā zǒng zài yóuyù bù jué.　　　　　　　　決心がつかない

(2) "从而"：したがって、それによって（書面語として用いられる）

> 本文　…，**从而**　满足　人们　视觉　上、味道　上、心理　上　对　美　的　追求。
> 　　　…, cóng'ér mǎnzú rénmen shìjué shang、wèidao shang、xīnlǐ shang duì měi de zhuīqiú.
> 　　　　　　…、したがって人々の視覚的、味覚的、心理的な美への追求心を満足させる。

　　公司　今年　特别　加强了　电视　广告，**从而**　大大　提高了　产品　的　销售量。
　　Gōngsī jīnnián tèbié jiāqiángle diànshì guǎnggào, cóng'ér dàdà tígāole chǎnpǐn de xiāoshòuliàng.

销售量：販売量

(3) "用～作为～"：～で～する

> 本文　中国人　还　喜欢　**用**　富有　历史　文化　意义　的　地名、人名　**作为**
> 　　　Zhōngguórén hái xǐhuan yòng fùyǒu lìshǐ wénhuà yìyì de dìmíng、rénmíng zuòwéi
> 　　　饭菜　的　名称，…　　中国人はさらに歴史文化の意味に富む地名や人名を料理の名前に
> 　　　fàncài de míngchēng, …　　つけることが好きで、…

　　她　平常　**用**　天然　水　**作为**　饮料。　　饮料：飲物
　　Tā píngcháng yòng tiānrán shuǐ zuòwéi yǐnliào.

中国の料理名　67

(4) "被"：〜は〜に〜される、〜は〜から〜される

受身文	主語＋"被／让／叫／给"＋行為者＋動詞＋他の要素

> **本文** 这 道 菜 被 人们 称为 "东坡肉"。　　この料理は人々に「トンポーロー」と
> 　　　Zhè dào cài bèi rénmen chēngwéi "dōngpōròu". 呼ばれています。

我 的 自行车 被 哥哥 骑走 了。
Wǒ de zìxíngchē bèi gēge qízǒu le.

西瓜 让 他们 吃完 了。
Xīguā ràng tāmen chīwán le.

院子 里 的 石榴树 叫 人 砍掉 了。　　　石榴树：ざくろの木／砍：切る（刀や斧で）
Yuànzi li de shíliúshù jiào rén kǎndiào le.

外面 的 衣服 给 雨水 淋湿 了。　　　　　　　淋湿：ぬれる（雨に）
Wàimiàn de yīfu gěi yǔshuǐ línshī le.

※ "被"は「書き言葉」に多く用いられ、行為者が省略されることがある。"让"と"叫"は「話し言葉」に多く用いられる。

ワンポイントレッスン

爱子：中国地方大,各地的名菜也特别多。
　　Àizǐ　　Zhōngguó dìfang dà, gèdì de míngcài yě tèbié duō.

小李：是啊!你吃过山西刀削面吗?
XiǎoLǐ　Shì a! Nǐ chīguo Shānxī dāoxiāomiàn ma?

爱子：我在北京学习时,常常吃刀削面。
　　　　Wǒ zài Běijīng xuéxí shí, chángcháng chī dāoxiāomiàn.

小李：我是东北人,喜欢吃面条。
　　　　Wǒ shì dōngběirén, xǐhuan chī miàntiáo.

練習問題

(1) 正しい語順に並べ替えなさい。

① 宋代 苏东坡 、 的 是 传说 猪肉 文学家 发明 炖 制作 。

② 还 中国人 用 历史 文化 的 意义 富有 喜欢 、 地名 人名 的 名称 作为 饭菜 。

③ 东坡肉 是 具有 道 的 美食 一 风味 特殊 。

④ 让 在 同时 还 能 你 美食 探求 的 其 的 渊源 文化 。

⑤ 给 起 美好 个 、 总 中国人 饭菜 喜欢 雅致 的 普通 以 名称 , 的 好奇 以 人们 引起 的 食欲 和 的 。

(2) 次の（ ）の中にあてはまる語を入れなさい。

① 她平常（　　）天然水（　　）饮料。
② 公司今年特别加强了电视广告，（　　）大大提高了产品的销售量。
③ 西瓜（　　）他们吃完了。
④ 参加不参加毕业旅行，他（　　）在犹豫不决。
⑤ 院子里的石榴树（　　）人砍掉了。

(3) 次の拼音を漢字に直しなさい。

① Zhōngguó shì yí ge měishí dàguó.
② Chuánshuō dùn zhūròu shì Sòngdài wénxuéjiā Sū Dōngpō fāmíng、zhìzuò de.

第14课　学谚语(1)　郑人买鞋
★鄭国の人が靴を買う★

　　从前有一个人要给自己买鞋。他把脚的大小用尺子量了一下，就到集市去了。到了集市才发现忘了带量好的尺寸，于是他又跑回家去拿尺寸。等他再回到集市时，集市已经散了，他没买到鞋。别人问他："为什么不用你的脚去试试鞋呢？"他说："我宁可相信自己量好的尺寸，也不相信自己的脚。"

新出単語

郑人买鞋 Zhèng rén mǎi xié	諺 鄭国の人が靴を買う〈喩〉旧習をかたくなに守り、対応を知らない"郑"は周代の国名で、現在の河南省新鄭県一帯	集市 jíshì	名 定期市
		尺寸 chǐcun	名 寸法、サイズ
		于是 yúshì	接 そこで、そうして
		等 děng	～してから、～になって
		已经 yǐjing	副 すでに、もう
从前 cóngqián	名 以前、昔	散 sàn	動 散る、散らばる
给 gěi	前置 ～のために　動 与える、あげる	别人 biérén	代 他人
		问 wèn	動 尋ねる
		为什么 wèishénme	代 なぜ、どうして
鞋 xié	名 靴	试试 shìshi	動 ちょっと試す　動詞のかさね型
尺子 chǐzi	名 ものさし、定規		
量 liáng	動 はかる、測定する	宁可 nìngkě	接〈～也不～：むしろ～しても～しない〉
脚 jiǎo	名 足（足首から下の部分）		
大小 dàxiǎo	名 大きさ、サイズ	相信 xiāngxìn	動 信じる
一下 yíxià	ちょっと～してみる（動詞の後に用いる）		

(本文ピンイン)

　　Cóngqián yǒu yí ge rén yào gěi zìjǐ mǎi xié. Tā bǎ jiǎo de dàxiǎo yòng chǐzi liángle yíxià, jiù dào jíshì qù le. Dào le jíshì cái fāxiàn wàng le dài liánghǎo de chǐcun, yúshì tā yòu pǎohuí jiā qù ná chǐcun. Děng tā zài huídào jíshì shí, jíshì yǐjing sàn le, tā méi mǎidào xié. Biérén wèn tā: "Wèishénme bú yòng nǐ de jiǎo qù shìshi xié ne?" Tā shuō: "Wǒ nìngkě xiāngxìn zìjǐ liánghǎo de chǐcun, yě bù xiāngxìn zìjǐ de jiǎo."

文法のポイント

(1) "于是"：そこで、そうして

> 本文 …，于是 他 又 跑回 家 去 拿 尺寸。　　…、そこで彼は又寸法を取りに家へ
> 　　　…, yúshì tā yòu pǎohuí jiā qù ná chǐcun.　　かけ戻った。

关于 这 个 问题 大家 都 同意，于是 她 也 不 反对 了。
Guānyú zhè ge wèntí dàjiā dōu tóngyì, yúshì tā yě bù fǎnduì le.

※ "于是"は2つの事柄について時間的な前後関係のみならず、因果関係も表す。

他 吃了 三 次 药，于是 病 就 好 了。
Tā chīle sān cì yào, yúshì bìng jiù hǎo le.

(2) 方向補語 "来／去"

> 主語＋動詞＋"来／去"

他 回来 了。
Tā huílai le.

彼は帰ってきた。

> 主語＋動詞（＋目的語）＋"来／去"

> 本文 …，于是 他 又 跑回 家 去 拿 尺寸。　【訳文：(1)を参照】
> 　　　…, yúshì tā yòu pǎohuí jiā qù ná chǐcun.

学生们 走进 教室 去 了。
Xuéshengmen zǒujìn jiàoshì qù le.

※動作の方向を表す方向補語の代表的なもの

走上来（歩いて上がってくる）	走上去（歩いてのぼっていく）
zǒushanglai	zǒushangqu
走下来（歩いて下りてくる）	走下去（歩いて下りていく）
zǒuxialai	zǒuxiaqu
走进来（歩いて入ってくる）	走进去（歩いて入っていく）
zǒujinlai	zǒujinqu
走出来（歩いて出てくる）	走出去（歩いて出ていく）
zǒuchulai	zǒuchuqu
走过来（歩いてやってくる）	走过去（歩いて向こうへいく）
zǒuguolai	zǒuguoqu

(3) "等"：～してから、～になって（後に"再""才""就"を伴うことが多い）

> 本文 等 他 再 回到 集市 时，集市 已经 散 了，他 没 买到 鞋。
> Děng tā zài huídào jíshì shí, jíshì yǐjing sàn le, tā méi mǎidào xié.
> 彼が再び市場へ戻って来た時には、市場はすでに終わってしまい、靴を買えなかった。

等 雨 住 了 再 去 散步。　　　　　　　　　　　　住：やむ、止まる
Děng yǔ zhù le zài qù sànbù.

(4) 結果補語

主語＋動詞＋補語(動詞／形容詞)＋目的語

> 本文 …，他 没 买到 鞋。　　…、彼は靴を買えなかった。
> …, tā méi mǎidào xié.

> 本文 到 了 集市 才 发现 忘 了 带 量好 的 尺寸，…
> Dào le jíshì cái fāxiàn wàng le dài liánghǎo de chǐcun, …
> 市場に着いてやっとはかったサイズを持ってくるのを忘れたことに気付き、…

房间 早就 收拾好 了。　　　　　　　　早就：とっくに／收拾：片付ける
Fángjiān zǎojiù shōushihǎo le.

(5) "宁可～也不～"：むしろ～しても～しない

> 本文 "我 宁可 相信 自己 量好 的 尺寸，也 不 相信 自己 的 脚。"
> "Wǒ nìngkě xiāngxìn zìjǐ liánghǎo de chǐcun, yě bù xiāngxìn zìjǐ de jiǎo."
> 「私は自分の測ったサイズの方は信じても自分の足は信じない。」

我 宁可 走路，也 不 愿意 坐 这 辆 破 车。　　　　　破车：ボロ車
Wǒ nìngkě zǒulù, yě bú yuànyi zuò zhè liàng pò chē.

ワンポイントレッスン

爱子：我们学了不少谚语。
　Àizǐ　Wǒmen xué le bù shǎo yànyǔ.

小李："郑人买鞋"你们学过没有?
　Xiǎo Lǐ　"Zhèng rén mǎi xié" nǐmen xuéguo méi yǒu?

爱子：当然学过。歇后语还没学呢。
　　　Dāngrán xuéguo. Xiēhòuyǔ hái méi xué ne.

小李：你应该多学习谚语、歇后语。
　　　Nǐ yīnggāi duō xuéxí yànyǔ、xiēhòuyǔ.

練習問題

(1) 正しい語順に並べ替えなさい。

① 再　时　回到　他　集市　等　，集市　了　散　已经　。

② 才　到　集市　发现　忘　带　的　尺寸　量好　了　了　。

③ 他　于是　去　尺寸　拿　家　又　跑回　。

④ 相信　的　尺寸　我　量好　自己　宁可　，不　自己　也　相信　的　脚　。

⑤ 用　量　一下　大小　他　尺子　了　的　，脚　就　了　把　去　到　集市　。

(2) 次の（　）の中にあてはまる語を入れなさい。

① 我（　　）走路，（　　）愿意坐这辆破车。
② （　　）雨住了（　　）去散步。
③ 房间早就收拾（　　）了。
④ 学生们走（　　）教室（　　）了。
⑤ 他吃了三次药,（　　）病就好了。

(3) 次の拼音を漢字に直しなさい。

① Cóngqián yǒu yí ge rén yào gěi zìjǐ mǎi xié.

② Wèishénme bú yòng nǐ de jiǎo qù shìshi xié ne?

第15课 学谚语(2) 只要 功夫 深，铁 棒 磨成 针
★手間をかけさえすれば鉄の棒を研いで針にすることができる★

大家都知道李白这个名字，但不一定知道他是什么样的孩子。李白小的时候很贪玩，学习不好。

有一天，他看见一个老婆婆在磨一根铁棒，就问："老婆婆，你磨它干什么？"老婆婆说："我要磨成一根针。"李白说："这么粗的铁棒要磨到什么时候呀！"老婆婆说："只要肯下深功夫，是能成功的。"李白听后很受启发。从此他努力学习，后来成为唐代伟大的诗人。

新出単語

只要功夫深，铁棒磨成针
Zhǐyào gōngfu shēn, tiě bàng móchéng zhēn
諺 手間をかけさえすれば、鉄の棒を研いで針にすることもできる。
〈喩〉根気よくやりさえすれば何でもできる。

李白 Lǐ Bái 名 李白（701～762年）
不一定 bù yídìng 副 必ずしも～ではない
什么样 shénmeyàng 代 どんな、いかなる
贪玩 tānwán 形 遊びにふける
有一天 yǒu yì tiān ある日
老婆婆 lǎopópo 名（年をとった女性に対する呼称）おばあさん
在 zài 副 ～している
磨 mó 動 研ぐ、磨く
根 gēn 量（細長いものを数える）本

铁棒 tiě bàng 名 鉄の棒、きね
粗 cū 形 太い⇔ "细 xì"
什么时候 shénme shíhou いつ
呀 ya 語助 "啊"の変音（文末に用いて疑問の語気を表す）
只要 zhǐyào 接 ～でさえあれば、～しさえすれば
肯 kěn 助動 すすんで～する
功夫 gōngfu 名 技量、腕前〈下～：打ち込む〉
成功 chénggōng 名 成功 動 成功する
启发 qǐfā 動 啓発する
从此 cóngcǐ 副 これから、その時から
后来 hòulái その後、それから
成为 chéngwéi 動 ～となる、～とする
唐代 Tángdài 名 唐時代（618～907年）
伟大 wěidà 形 偉大である

（本文ピンイン）

　　Dàjiā dōu zhīdao Lǐ Bái zhè ge míngzi, dàn bù yídìng zhīdao tā shì shénmeyàng de háizi. Lǐ Bái xiǎo de shíhou hěn tānwán, xuéxí bù hǎo.

　　Yǒu yì tiān, tā kànjian yí ge lǎopópo zài mó yì gēn tiě bàng, jiù wèn: "Lǎopópo, nǐ mó tā gàn shénme?" Lǎopópo shuō: "Wǒ yào mòchéng yì gēn zhēn." Lǐ Bái shuō: "Zhème cū de tiě bàng yào mó dào shénme shíhou ya!" Lǎopópo shuō: "Zhǐyào kěn xià shēn gōngfu, shì néng chénggōng de." Lǐ Bái tīng hòu hěn shòu qǐfā. Cóngcǐ tā nǔlì xuéxí, hòulái chéngwéi Tángdài wěidà de shīrén.

文法のポイント

(1) "不一定"：必ずしも～ではない、～とは限らない

> 本文　…，但 不一定 知道 他 是 什么样 的 孩子。
> 　　　…, dàn bù yídìng zhīdao tā shì shénmeyàng de háizi.
> 　　　　　　…、しかし彼がどんな子どもだったかを知っているとは限らない。

　今天 星期天，他 不 一定 来 这儿。
　Jīntiān xīngqītiān, tā bù yídìng lái zhèr.

(2) "在"：～している、～しつつある（動作・行為が進行中である）

> 本文　有 一 天，他 看见 一 个 老婆婆 在 磨 一 根 铁 棒，…
> 　　　Yǒu yì tiān, tā kànjian yí ge lǎopópo zài mó yì gēn tiě bàng, …
> 　　　　　　ある日、彼は一人のおばあさんが一本の鉄の棒を研いでいるのを見て、…

　他们 在 上 课 呢，请 稍 等 一下 吧。
　Tāmen zài shàng kè ne, qǐng shāo děng yíxià ba.

(3) "呀"：

　"呀" は "啊" の変音。文末に用いて、ここでは疑問の語気を表す用法である。
　※語気助詞 "啊 a" は前にくる音節の末尾音によって音が変化する。

> 本文　"这么 粗 的 铁 棒 要 磨 到 什么 时候 呀！"
> 　　　"Zhème cū de tiě bàng yào mó dào shénme shíhou ya!"
> 　　　　　　「こんなにも太い鉄の棒をいつまでこすり続けるつもりなのか。」

　钥匙 放 在 房间 里 呀！　　　　　　　　　钥匙：鍵／放：置く
　Yàoshi fàng zài fángjiān li ya!

(4) "只要～"：～さえすれば、～さえあれば（必要条件を表す）

> 本文 "只要 肯 下 深 功夫，是 能 成功 的。"　「必死に努力さえすれば成功する
> 　　　"Zhǐyào kěn xià shēn gōngfu, shì néng chénggōng de."　ことができる。」

※ "只要～就" の形でよく現れる。"只要" は主語の前でも後でも用いらる。

只要 你 说得 慢，我 就 能 听懂。
Zhǐyào nǐ shuōde màn, wǒ jiù néng tīngdǒng.

你们 只要 努力 学习，就 可以 进步。
Nǐmen zhǐyào nǔlì xuéxí, jiù kěyǐ jìnbù.

(5) "从此"：これから、その時から、その後

> 本文 从此 他 努力 学习，后来 成为 唐代 伟大 的 诗人。
> 　　　Cóngcǐ tā nǔlì xuéxí, hòulái chéngwéi Tángdài wěidà de shīrén.
> 　　　その時から彼は一生懸命勉強し、のちに唐代における偉大な詩人となった。

我 从此 和 他 不 来往。
Wǒ cóngcǐ hé tā bù láiwǎng.

ワンポイントレッスン

爱子：我非常喜欢"只要功夫深,铁棒磨成针"这句谚语的意思。
Àizǐ　　Wǒ fēicháng xǐhuan "Zhǐyào gōngfu shēn, tiě bàng móchéng zhēn" zhè jù yànyǔ de yìsi.

小李：我也喜欢。它是我的座右铭。
XiǎoLǐ　Wǒ yě xǐhuan. Tā shì wǒ de zuòyòumíng.

爱子：好极了。我们为了达到自己的目标,应该努力学习。
　　　Hǎo jíle. Wǒmen wèile dádào zìjǐ de mùbiāo, yīnggāi nǔlì xuéxí.

小李：对，我们互相学习，互相帮助吧。
　　　Duì, wǒmen hùxiāng xuéxí, hùxiāng bāngzhù ba.

練習問題

(1) 正しい語順に並べ替えなさい。

① 一天 , 他 有 一 看见 个 在 根 一 铁棒 老婆婆 磨 。

② 李白 名字 这个 大家 都 , 知道 但是 他 什么样 孩子 的 知道 不一定 。

③ 启发 听 李白 后 受 很 。

④ 他 学习 从此 努力 , 成为 伟大 诗人 的 后来 唐代 。

⑤ 粗 铁棒 什么时候 呀 的 这么 到 要 磨 !

(2) 次の（ ）の中にあてはまる語を入れなさい。

① 他们（　　）上课呢，请稍等一下吧。
② 钥匙放在房间里（　　）!
③ 今天星期天，他（　　）来这儿。
④ 我（　　）和他不来往。
⑤ （　　）你说得慢，我就能听懂。

(3) 次の拼音を漢字に直しなさい。

① Lǐ Bái xiǎo de shíhou hěn tānwán, xuéxí bù hǎo.

② Zhǐyào kěn xià shēn gōngfu, shì néng chénggōng de.

索　引

【A】
艾窝窝	àiwōwo	23
安放	ānfàng	18
爱好	àihào	46

【B】
把	bǎ	52
芭蕾舞	bāléiwǔ	34
白酒	báijiǔ	18
白塔	Báitǎ	32
百货商店	bǎihuò shāngdiàn	56
帮忙	bāngmáng	40
傍晚	bàngwǎn	42
包	bāo	28
包子	bāozi	37
报道	bàodào	42
北海公园	Běihǎi gōngyuán	32
北京烤鸭	Běijīng kǎoyā	12
被	bèi	66
比	bǐ	28
比较	bǐjiào	24
比赛	bǐsài	60
便利店	biànlìdiàn	56
表示	biǎoshì	18
别	bié	12
别人	biérén	70
冰糖葫芦	bīngtáng húlu	23
并	bìng	56
播音员	bōyīnyuán	38
不但～而且～	búdàn~érqiě~	18
不太～	bútài~	14
不仅	bùjǐn	56
不一定	bù yídìng	74

【C】
CCTV		11
才	cái	32
采茶	cǎi chá	52
参加	cānjiā	18
嘈杂	cáozá	56
草莓	cǎoméi	51
操场	cāochǎng	11
茶圣	cháshèng	52
常	cháng	32
常常	chángcháng	10
常用	chángyòng	28
唱歌	chàng gē	24
畅谈	chàngtán	32
超市	chāoshì	56
炒饭	chǎofàn	66
城市	chéngshì	60
成功	chénggōng	74
成熟	chéngshú	46
成为	chéngwéi	74
成长	chéngzhǎng	18
尺寸	chǐcun	70
尺子	chǐzi	70
充满	chōngmǎn	46
出门	chūmén	42
厨房	chúfáng	29
传来	chuánlái	29
传说	chuánshuō	66
创造	chuàngzào	52
春天	chūntiān	24
次	cì	60
从	cóng	10, 32
从此	cóngcǐ	74
从而	cóng'ér	66
从来	cónglái	10
从前	cóngqián	70
粗	cū	74

【D】
达到	dádào	42
打棒球	dǎ bàngqiú	11
大方	dàfang	24
大批	dàpī	56
大小	dàxiǎo	70
戴	dài	42
带	dài	42
代课	dài kè	61
但是	dànshì	14, 42
刀削面	dāoxiāomiàn	66
到	dào	42
到来	dàolái	42
道	dào	66
得病	débìng	10
得到	dédào	52

等	děng	70
登陆	dēng lù	42
登上	dēng shang	32
低下	dīxià	18
点儿	diǎnr	32
电视台	diànshìtái	38
电子邮件	diànzi yóujiàn	33
冬天	dōngtiān	24
东坡肉	Dōngpōròu	66
懂事	dǒng shì	44
动身	dòngshēn	54
都	dōu	14, 47, 60
豆腐脑	dòufunǎo	37
豆浆	dòujiāng	37
豆汁	dòuzhī	37
度过	dùguò	38
锻炼	duànliàn	10
对	duì	14, 46
剁	duò	28

【E】
而且	érqiě	56

【F】
发挥	fāhuī	18
饭菜	fàncài	66
放	fàng	75
放假	fàng jià	28
方便	fāngbiàn	25
菲律宾	Fēilǜbīn	42
分明	fēnmíng	24
纷飞	fēnfēi	46
丰富	fēngfù	56
风味	fēngwèi	66
茯苓夹饼	fúlíng jiābǐng	23
富有	fùyǒu	66
复苏	fùsū	46
妇女	fùnǚ	18

【G】
感	gǎn	14
赶	gǎn	32
擀	gǎn	28
钢笔	gāngbǐ	11
高雅	gāoyǎ	52
高中	gāozhōng	12, 38
告诉	gàosu	15

各种	gèzhǒng	18
各自	gèzì	46
给	gěi	14, 66, 70
根	gēn	74
跟着	gēnzhe	18
共同	gòngtóng	24
公园	gōngyuán	24
功夫	gōngfu	74
功课	gōngkè	14
购买	gòumǎi	56
购物者	gòuwùzhě	56
狗不理包子	Gǒubùlǐbāozi	32
故事	gùshi	10
观光	guānguāng	56
观众	guānzhòng	29
国技	guójì	60
果实	guǒshí	46
过节	guò jié	18
过	guo	10

【H】
哈密瓜	hāmìguā	51
还	hái	10, 28
还是	háishì	46
寒假	hánjià	39
好奇	hàoqí	66
河边	hébiān	24
和	hé	10, 14, 18, 38
和、敬、清、寂	hé、jìng、qīng、jì	52
和谐	héxié	28
黑咖啡	hēikāfēi	65
后来	hòulái	74
回	huí	32
活力	huólì	56
活泼	huópō	25
和	huó	28
火龙果	huǒlóngguǒ	51
或	huò	42
或是~或是~	huòshì~huòshì~	24

【J】
基础	jīchǔ	14, 52
集市	jíshì	70
即	jí	52
激动	jīdòng	32
极	jí	52
极致	jízhì	52

79

几 jǐ		28
继承 jìchéng		52
荠菜 jìcài		28
家 jiā		38
家常菜 jiāchángcài		28
家乡 jiāxiāng		42
价格 jiàgé		56
假期 jiàqī		42
健身房 jiànshēnfáng		10
江户时代 Jiānghù shídài		60
讲 jiǎng		11
教 jiāo		14
脚 jiǎo		70
叫 jiào		10
结实 jiēshi		10
结婚 jiéhūn		40
洁白 jiébái		46
节 jié		14
节假日 jiéjiàrì		38
节日 jiérì		18
介绍 jièshào		10
今后 jīnhòu		10
紧张 jǐnzhāng		38
近日 jìnrì		42
尽力而为 jìn lì ér wéi		19
经常 jīngcháng		38
井然有序 jǐngrányǒuxù		56
境界 jìngjiè		52
韭菜 jiǔcài		28
就 jiù		14, 60
举办 jǔbàn		60
句 jù		46
据 jù		42
聚 jù		38
具有 jùyǒu		66

【K】

咖啡馆 kāfēiguǎn		65
卡布奇诺咖啡 kǎbùqínuò kāfēi		65
卡拉ＯＫ厅 kǎlāOK tīng		10
开 kāi		39
开放 kāifàng		24
砍 kǎn		68
考虑 kǎolǜ		56
可 kě		28
可以 kěyǐ		56
课 kè		14

肯 kěn		74
肯德基 Kěndéjī		65
空调 kōngtiáo		19
口 kǒu		38
快乐 kuàilè		18

【L】

拉面 lāmiàn		37, 66
来信 lái xìn		32
老婆婆 lǎopópo		74
老乡 lǎoxiāng		19
雷阵雨 léizhènyǔ		42
冷 lěng		24
梨 lí		51
离开 líkāi		32
李白 Lǐ Bái		74
李子 lǐzi		51
栗子 lìzi		51
利用 lìyòng		42
力士 lìshì		60
练 liàn		60
量 liáng		70
凉快 liángkuai		24
聊天 liáo tiān		28
了解 liǎojiě		57
淋湿 línshī		68
菱形 língxíng		18
另 lìng		46
流利 liúlì		33
榴莲 liúlián		51
龙眼 lóngyǎn		51
萝卜 luóbo		28
驴打滚 lúdǎgǔn		23
旅游 lǚyóu		42

【M】

麻花 máhuā		32
麦当劳 Màidāngláo		65
馒头 mántou		37
芒果 mángguǒ		51
美好 měihǎo		66
美食 měishí		66
迷 mí		60
名牌 míngpái		11
磨 mó		74
摩卡咖啡 mókǎ kāfēi		65
母亲节 Mǔqinjié		33

80

木瓜　mùguā ································· 51

【N】

拿铁咖啡　nátiě kāfēi ················· 65
能　néng ······································· 38
年糕　niángāo ····························· 18
宁可　nìngkě ······························· 70
努力　nǔlì ···································· 10
浓溶咖啡　nóngróng kāfēi ········· 65
暖和　nuǎnhuo ··························· 24
女儿节　nǚ'érjié ························· 18

【P】

怕　pà ·· 44
便宜　piányi ······························· 56
片　piàn ······································ 46
票　piào ······································ 16
漂亮　piàoliang ··························· 24
品茶　pǐnchá ······························ 52
乒乒乓乓　pīngpīngpāngpāng ····· 28
苹果　píngguǒ ···························· 51
破车　pò chē ······························ 72

【Q】

祈祷　qídǎo ································ 18
起　qǐ ·· 66
~起来　~qilai ······························ 14
启发　qǐfā ··································· 74
气氛　qìfēn ································· 28
千利休　Qiān Lìxiū ···················· 52
遣唐使　Qiǎntángshǐ ·················· 52
茄子　qiézi ································· 28
亲朋好友　qīnpénghǎoyǒu ········· 24
芹菜　qíncài ······························· 28
清汤　qīngtāng ··························· 47
晴转多云　qíng zhuǎn duō yún ··· 42
请多关照　qǐng duō guānzhào ···· 10
请假　qǐngjià ······························ 40
秋天　qiūtiān ······························ 24
取得　qǔdé ································· 53
全家　quán jiā ···························· 38
全景　quán jǐng ·························· 32
却　què ······································· 56

【R】

然后　ránhòu ······························ 32
让　ràng ····································· 66

热　rè ·· 24
热闹　rènao ································ 28
人家　rénjiā ································ 18
人们　rénmen ····························· 46
认识　rènshi ······························· 32
日子　rìzi ···································· 18
容易　róngyì ······························· 15
肉类　ròulèi ································ 28

【S】

散　sàn ······································· 70
晒　shài ······································ 42
山楂糕　shānzhāgāo ·················· 37
赏樱　shǎng yīng ······················· 24
商量　shāngliang ······················· 26
上　shàng ··································· 38
上班　shàng bān ························ 38
上升　shàngshēng ······················ 42
稍微　shāowēi ··························· 25
身高　shēngāo ··························· 12
什么的　shénme de ···················· 28
什么时候　shénme shíhou ·········· 74
什么样　shénmeyàng ·················· 74
声援　shēngyuán ······················· 60
盛开　shèngkāi ···················· 18, 43
生气　shēngqì ···························· 40
生鲜　shēngxiān ························ 56
石榴树　shíliúshù ······················· 68
实现　shíxiàn ····························· 42
实在　shízài ······························· 26
使　shǐ ·· 32
市场　shìchǎng ·························· 56
试试　shìshi ······························· 70
受　shòu ····································· 56
受阻　shòu zǔ ···························· 42
收拾　shōushi ···························· 72
手扒羊肉　shǒubāyángròu ········· 66
熟　shú ······································· 19
暑假　shǔjià ······························· 38
水饺　shuǐjiǎo ···························· 28
睡觉　shuìjiào ···························· 14
顺利　shùnlì ······························· 42
四季　sìjì ···································· 24
送　sòng ····································· 32
速溶咖啡　sùróng kāfēi ············· 65
酸奶　suānnǎi ···························· 37
虽然　suīrán ······························· 46

81

随时	suíshí	56
所以	suǒyǐ	18

【T】

太极拳	tàijíquán	13
贪玩	tān wán	74
谈	tán	46
唐代	Tángdài	74
桃	táo	51
桃花	táohuā	18
特别	tèbié	42
特意	tèyì	32
提升	tíshēng	52
体会	tǐhuì	52
甜	tián	20
跳舞	tiào wǔ	24
铁棒	tiě bàng	74
同事	tóngshì	58

【W】

豌豆黄	wāndòuhuáng	23
玩	wán	38
晚	wǎn	38
万物	wànwù	46
伟大	wěidà	74
味道	wèidao	28
为	wèi	18
为了	wèile	32, 42
为什么	wèishénme	70
温暖	wēnnuǎn	38
问	wèn	70
问候	wènhòu	32
无穷	wúqióng	52

【X】

西班牙语	Xībānyáyǔ	19
西瓜	xīguā	51
西葫芦	xīhúlu	28
席卷	xíjuǎn	42
习惯	xíguàn	52
喜好	xǐhào	46
喜欢	xǐhuan	10, 14
洗澡	xǐzǎo	40
系	xì	10
下课	xià kè	10
下山	xiàshān	32
夏季	xiàjì	46

夏天	xiàtiān	24, 42
馅儿	xiànr	28
先	xiān	32
鲜度	xiāndù	56
香蕉	xiāngjiāo	51
相处	xiāngchǔ	32
相当	xiāngdāng	28
相扑	xiāngpū	60
相识	xiāngshí	32
相同	xiāngtóng	46
相信	xiāngxìn	70
享受	xiǎngshòu	24
相机	xiàngjī	53
销售量	xiāoshòuliàng	67
小	xiǎo	32, 60
小城	xiǎochéng	10
小吃	xiǎochī	32
小朋友	xiǎopéngyou	60
小时	xiǎoshí	10
校庆	xiàoqìng	28
校长	xiàozhǎng	54
鞋	xié	70
谢	xiè	39
信	xìn	16
信封	xìnfēng	29
星巴克	Xīngbākè	65
行	xíng	54
幸福	xìngfú	38
兴趣	xìngqù	47
学好	xuéhǎo	11
学习	xuéxí	10

【Y】

雅美小巷	yǎměixiǎoxiàng	56
雅致	yǎzhì	66
呀	ya	74
谚语	yànyǔ	46
要	yào	10, 14, 32
要是	yàoshi	56
钥匙	yàoshi	75
也	yě	18
依然	yīrán	52
医生	yīshēng	38
医院	yīyuàn	38
一大早	yídàzǎo	54
一共	yígòng	38
一～就～	yī~jiù~	42

词语	拼音	页码
一块儿	yíkuàir	46
一下	yíxià	70
一样	yíyàng	12
一边～一边～	yìbiān…yìbiān…	28
一起	yìqǐ	10, 24
已	yǐ	32
已经	yǐjīng	70
以及	yǐjí	14
艺术	yìshù	52
因为	yīnwèi	24, 38
饮料	yǐnliào	67
银行	yínháng	38
饮茶	yǐnchá	52
应该	yīnggāi	52
营业	yíngyè	56
悠久	yōujiǔ	60
尤其	yóuqí	28
油饼	yóubǐng	37
油条	yóutiáo	37
由	yóu	60
游客	yóukè	56
游泳	yóuyǒng	46
犹豫不决	yóuyù bù jué	67
有的	yǒu de	24, 28
有一天	yǒu yì tiān	74
又～又～	yòu~yòu~	24, 38
于是	yúshì	70
羽毛球	yǔmáoqiú	26
与此同时	yǔ cǐ tóng shí	52
语法	yǔfǎ	11
渊源	yuānyuán	66
约	yuē	24
月份	yuèfèn	42
乐曲	yuèqǔ	39
韵味	yùnwèi	52
运动员	yùndòngyuán	60

【Z】

词语	拼音	页码
在	zài	14, 24
在于	zàiyú	46
早	zǎo	38
早就	zǎojiù	72
枣儿	zǎor	51
炸酱面	zhájiàngmiàn	37
掌握	zhǎngwò	19
长大	zhǎngdà	44
真正	zhēnzhèng	52
正	zhèng	18, 42
郑人买鞋	Zhèng rén mǎi xié	70
知道	zhīdao	32
职业	zhíyè	60
指	zhǐ	60
只要	zhǐyào	74
只要功夫深，铁棒磨成针 zhǐyào gōngfu shēn, tiěbàng móchéng zhēn		74
只有	zhǐyǒu	38
至今	zhìjīn	52
制茶	zhìchá	52
中文	Zhōngwén	11
种类	zhǒnglèi	56
粥	zhōu	37
煮	zhǔ	28
住	zhù	72
住院	zhùyuàn	43
住址	zhùzhǐ	29
注意	zhùyì	42
专程	zhuānchéng	56
转播	zhuǎnbō	60
追求	zhuīqiú	52
准备	zhǔnbèi	42
紫禁城	Zǐjìnchéng	32
自	zì	24
自我	zìwǒ	10
总	zǒng	66
总结	zǒngjié	52
足球	zúqiú	16
最	zuì	10, 18
左右	zuǒyòu	10
坐	zuò	10
作为	zuòwéi	52, 66
作业	zuòyè	14

83

著　者

瀬戸口　律子（せとぐち　りつこ）
　　東京国際大学

汪　　玉林（おう　ぎょくりん）
　　北京外国語大学

新訂版　中国語のかけはし（CD付）
―初級から中級へ―

2012.4.1　初版印刷
2021.3.1　初版2刷印刷

発行者　井　田　洋　二

〒101-0062　東京都千代田区神田駿河台3の7
　電話　東京03 (3291) 1676　FAX 03 (3291) 1675
発行所　振替　00190-3-56669番
　E-mail：edit@e-surugadai.com
　URL：http://www.e-surugadai.com

株式会社　駿河台出版社

㈱フォレスト
ISBN978-4-411-03068-9 C1087　￥2500E